MÉDECIN DE CAMPAGNE, UNE VIE

Georges Vieilledent

MÉDECIN DE CAMPAGNE, UNE VIE

Collection dirigée par
Jeannine Balland

calmann-lévy

Couverture
Maquette : Atelier Didier Thimonier
Illustration : © Patrick Bruchet / Paris Match / Scoop

ISBN 978-2-7021-5353-6

À Pierre

« Guérir parfois, soulager souvent,
écouter toujours. »

Louis Pasteur

1

Premiers jours

Voilà la villa. Un quadrilatère de belle dimension à deux étages. Immanquable avec son toit de tuiles rouges et sa large façade, crépie de jaune beurre-frais, fixant le sud. Je laisse mon regard courir le long du muret séparant la chaussée du jardin en pente douce. Construite au début des années soixante, la bâtisse a toujours l'air de monter la garde à l'entrée du petit lotissement de La Buge. Du coin de la rue, elle laisse voir son flanc est, où a été percée, à l'arrière et en léger contre-haut par rapport aux fenêtres du rez-de-chaussée, la porte d'accès au cabinet médical. Là, une plaque a indiqué des années durant : « Docteur Georges Vieilledent, ancien externe des hôpitaux de Montpellier ». Il ne reste plus que la trace du cadre. Comme un œil vide, définitivement aveugle.

Fin novembre 2012, en quittant cette maison, j'ai refermé à double tour la porte sur quatre décennies de ma vie. Sans nostalgie ni mélancolie. Plutôt soulagé en réalité. Je commençais à manquer de cette énergie brute et sans faille qui m'avait porté jusque-là pour assurer ma mission auprès de mes patients. Car il en faut pour intervenir de jour comme de nuit, pour sillonner par tous les temps les cent soixante-dix-sept hameaux et lieux-dits (je ne les ai comptés que récemment) disséminés sur le canton. J'avais soixante-treize ans, je ne me voyais plus parcourir cinquante à soixante mille kilomètres par an, seul au volant, sur ce replat splendide et sombre, tout en côtes et en pentes, du plateau de la Margeride.

Depuis mon départ, plus d'une année s'est écoulée, et me revoici. Parce qu'on est en janvier, je pensais retrouver Saugues sous un ciel blanc et bas, voire sous la neige, et c'est un doux soleil d'hiver qui m'a fait le cadeau de me suivre tout au long de la route depuis Montpellier. Une telle clémence à cette époque de l'année exige d'en profiter sur l'instant car l'hiver est d'habitude sans pitié. Ici, au cœur du Gévaudan, des températures de moins vingt-cinq, j'en ai connu…

Assis dans ma voiture, je regarde donc cette maison où habite désormais un couple. Ils ignorent évidemment tout de ce qui a été vécu entre ces murs avant eux. Toutes ces soirées où j'ai dîné seul, toutes ces nuits interrompues, et de toute façon trop courtes, toutes ces journées passées à écouter, échanger, examiner, soigner des hommes et des femmes en souffrance. Combien de fois, à travers eux, la maladie, la mort, la vie m'ont mis au défi ?

Cette villa, je n'ai jamais voulu l'acheter, ayant résolu, dès le moment où j'ai décidé de rester, de n'y résider qu'en locataire.

Qu'est-ce que j'attends aujourd'hui de ces retrouvailles ? Je ne sais pas. Que reste-t-il de ces quarante-quatre années ?

Je scrute cette façade aux fenêtres blanches, indifférente au rayon du soleil qui vient la caresser. Elle m'apparaît lointaine, presque étrangère, et un vide m'envahit d'un coup... Mais peu à peu, la rumeur des souvenirs monte et enfle dans ma mémoire. Des visages, des fragments de choses vécues, entendues, surgissent, se succèdent, en ordre dispersé. J'essaie de les fixer. Certains sont flous, incertains. D'autres s'imposent avec une grande précision, comme celui de mon arrivée dans cette villa, par exemple.

C'était un dimanche, le dernier de mai 1968.

Ce matin-là, nous sommes partis tôt de Montpellier. Ma mère avait décidé de m'accompagner. Régler les questions d'intendance d'une maison, la logistique quotidienne, n'a jamais fait partie ni de mes points forts ni de mes préoccupations. Elle le savait mieux que personne. En accord avec mon père, elle comptait rester le temps nécessaire auprès de moi à Saugues pour me décharger des obligations relatives à mon installation. Je n'aurais qu'à me consacrer à ma pratique de médecin. Nous avions environ quatre heures de trajet.

Au volant de mon Ami 6, avec elle à mes côtés, la route m'a paru moins longue. Après Saint-Chély-d'Apcher, je crois bien que nous n'avons plus croisé de véhicule. Nous serpentions entre des prairies herbeuses et des monts couronnés de pins sylvestres ou d'épicéas. Nous posions un œil d'explorateur sur ce paysage qui ne me rappelait rien de connu, perché entre mille et mille cinq cents mètres d'altitude où – j'allais le découvrir – la neige régnait parfois huit mois sur douze. Le printemps était à la peine ce jour-là et c'est sous un ciel mi-figue mi-raisin que la voiture est montée à l'assaut de la rue menant à l'église de Saugues. Ma belle-sœur, Mireille, et mon frère cadet, Rémy, tenaient alors sur la place la pharmacie de l'Hospice, face à la collégiale Saint-Bénilde, tout en granit cendreux, avec sa façade sud en pierre de Volvic. Ils avaient un appartement au-dessus de la boutique. Nous y sommes arrivés pour mettre les pieds sous la table.

Si je me retrouvais là, c'était un peu grâce, ou à cause, de Rémy

Marié depuis deux ans, il formait avec Mireille un jeune couple bien accordé et très complémentaire. Le pharmacien, c'était elle. Lui avait fait des études de droit et s'occupait de la gestion et de l'administration. En s'installant dans ce coin de Haute-Loire juste après leur mariage, ils se lançaient véritablement dans la vie. C'est Rémy qui m'avait fait rencontrer, lors d'un court séjour en décembre 1967, le docteur Jean-Claude Simon. Une figure de l'histoire saugaine. Déjà maire et élu du conseil général, il piaffait de passer la main et cherchait un successeur pour reprendre son cabinet et ses patients afin de se dédier totalement à la politique. Il serait bientôt président du conseil général de la Haute-Loire, et député. Le bonhomme était une nature. Grand, le cheveu brun, le tutoiement facile, jamais en retard d'une fête ni le dernier pour lever le coude, il avait cette assurance, ce culot de ceux que le doute n'effleure pas. En gros, je n'avais pas de souci à me faire, il serait là pour m'épauler et me faciliter la tâche. Mais je n'avais pas donné suite.

À l'époque, je préparais le concours de l'internat, misant tout sur une carrière hospitalière. Mais au printemps, n'ayant pas réussi l'écrit de mon concours, je me suis dit que je pouvais tenter l'expérience, au moins pendant quelques mois, en attendant de me représenter à l'examen. Je n'avais rien à perdre. Après tout, c'était l'occasion d'aborder la médecine d'une façon différente. Rémy me fit savoir que le remplaçant, que s'était trouvé entre-temps le docteur Simon, était sur le départ. Personne ne se bousculant pour prendre le relais, la place était pour moi si je le voulais. Je m'étais dit, encouragé fortement par mon père : « Allons-y et voyons. »

Lorsque j'ai tourné en voiture ce dimanche-là dans le lotissement de La Buge, l'après-midi était déjà bien entamé. Pas âme qui vive alentour. J'ai garé mon Ami 6 juste derrière une Panhard stationnée devant la première maison. Ma mère a sonné et la porte s'est ouverte presque instantanément. Poliment, mais sans chaleur, un jeune homme nous a invités à entrer, l'air soulagé de nous voir. Non pas qu'il se soit inquiété de notre sort sur le trajet, non, il était simplement pressé de partir. Du moins c'est ce qu'il laissait deviner par son ton, son attitude impatiente. Ses valises étaient dans le couloir, son veston déjà sur son dos. Tout de même, il prit quelques minutes pour nous faire faire le tour du propriétaire.

En passant le seuil d'entrée, on pénétrait dans un couloir coupant le rez-de-chaussée en deux. À gauche, un garage. À droite, une chambre et un bureau aménagés selon les désirs du docteur Simon. En cas de nécessité, il pouvait ainsi sauter de son lit à sa voiture en un rien de temps. Au bout de ce hall, plutôt froid, une volée de marches. Elles s'arrêtaient à mi-étage devant une porte, donnant accès de l'intérieur au cabinet médical, avant de filer jusqu'au premier où je trouvai une cuisine, une salle à manger, une chambre, un petit cabinet de toilette. Au-dessus encore, un large espace découpé en plusieurs pièces inoccupées, puis c'était les combles. Les meubles étaient de solide bois brun sauf les éléments de la cuisine, d'un curieux bleu azur. Rien de luxueux ni de vraiment personnel. Les équipements étaient simples, fonctionnels. J'observais du coin de l'œil ma mère, qui, en parfaite femme d'intérieur qu'elle était, faisait déjà l'inventaire – j'en étais sûr ! – de ce qu'il faudrait changer, bouger, acheter, nettoyer, pour donner un peu d'âme à cette maison délaissée.

Nous redescendîmes rapidement pour repasser dans le jardin et remonter vers l'entrée extérieure du cabinet médical. Le battant s'est ouvert sur une salle d'attente, cerclée d'une rangée de chaises canées quelque peu délabrées. Au fond, le cabinet de consultation, avec tout le nécessaire pour l'examen des patients. Pour retourner dans la partie privée, nous empruntâmes tout simplement la porte de communication séparant les deux parties de la villa. De retour à notre point de départ, au seuil du rez-de-jardin, mon jeune confrère me glissa les clés dans une main, la sacoche médicale dans l'autre et, sur un énigmatique « Je vous souhaite bien du plaisir ! », il sauta dans sa Panhard. En le regardant filer comme un lycéen sortant de colle, je notai pour la première fois qu'il y avait, de l'autre côté de la rue, un garage, avec une pompe à essence. Je n'imaginais pas alors à quel point je serais chanceux de l'avoir à trois pas de la maison. J'allais devoir à maintes reprises à M. Villedieu, puis à Jeannot Sicard, garagistes pleins de bonne volonté, une fière chandelle... Qu'on se le dise, la panne technique ou sèche est le cauchemar du médecin de campagne, surtout si celui-ci n'y entend rien en mécanique et possède deux mains gauches dès qu'il s'agit de bricoler. Ce qui a toujours été mon cas.

Tandis qu'Andréa, une jeune fille d'un village voisin, recrutée par mon prédécesseur pour faire le ménage et la cuisine, s'activait déjà à nous préparer à dîner, ma mère et moi nous installions au rez-de-chaussée. Je n'avais pris avec moi qu'une valise, le strict nécessaire pour m'habiller et me laver. Ce soir-là, nous nous sommes couchés tôt. J'avais bien sûr laissé à ma mère le lit et la chambre. Moi, je m'étais calé dans le divan du bureau du docteur Simon.

Avant de m'endormir dans les meubles et les draps d'un autre, ai-je pensé au lendemain ? Me suis-je inquiété de savoir comment les choses allaient tourner ? Ce que j'étais venu chercher ici ? Je n'en suis pas sûr. Est-ce qu'on se pose ce genre de questions lorsque, au fond de soi, on est certain de ne vivre qu'une parenthèse ?

Je ne me voyais pas rester plus de six mois dans le coin…

Il devait être un peu plus de sept heures du matin quand j'ai entendu pour la première fois le téléphone sonner dans cette maison. Bientôt, cet appareil deviendrait un objet central de ma vie, un authentique tyran domestique que je finirais par regarder chaque soir, à l'heure de me coucher, en me demandant à quelle heure il allait me tirer du lit. Levé tôt, comme à mon habitude, et déjà rasé, lavé, habillé, j'en étais au petit déjeuner. S'il y a un rituel auquel je tiens particulièrement, c'est bien celui-là. D'abord un bol de lait chaud, sucré, frémissant, coloré d'un nuage de café noir, trois ou quatre tartines de pain, du beurre… le goût du bonheur.

C'est le seul lien qui me reste avec l'Algérie, avec ces matins complices partagés avec mes frères quand nous nous retrouvions à l'aube d'une nouvelle et insouciante journée dans la salle à manger de notre maison d'Aflou. Mes papilles n'ont jamais oublié la saveur des petits extras maison (œuvres de ma mère) qui accompagnaient de temps à autre l'ordinaire, cuisses de dames, macarons, oreillettes saupoudrées de sucre et aussi ces petits gâteaux au vin blanc qui n'eurent jamais de nom. Je nous revois aussi tremper dans nos bols des S'Finngs, délicieux beignets légèrement salés que mon père ramenait à l'occasion. Cela faisait partie des petites attentions « pour la famille, les enfants » que ses interlocuteurs musulmans avaient volontiers. Il était fonctionnaire de l'administration préfectorale. Envoyé en 1935 en Algérie, aux portes du désert, il a d'abord été nommé secrétaire général de la commune mixte de Trézel, où je suis né, puis d'Aflou.

– Docteur, on vous demande…

– Bien sûr, je viens. Merci, Andréa… Allô ?

À l'époque, les communications passaient par une opératrice qui vous mettait en relation avec votre interlocuteur. J'entendis une voix d'homme qui me dit avec cet accent unique, oscillant à son aise entre l'Auvergne et le Midi :

– C'est ma p'tite, docteur… Elle peut plus manger…

Notre échange fut bref. Je lui dis que j'allais passer. Où habitait-il ? La quoi ? La Veysseyre ? J'avais dû le lui faire répéter une ou deux fois. Néanmoins, j'avais raccroché sans lui avoir demandé où cela pouvait bien se trouver ! Était-ce un village, un hameau, le nom d'une ferme ? À combien de kilomètres ? À peine le temps de poser la question à Andréa que la sonnerie retentissait de nouveau. Cette fois, c'était quelqu'un de Servilanges. Allons bon, où est-ce que ce nom allait pouvoir me conduire ?

Dans la sacoche médicale que m'avait remise mon confrère la veille, j'avais trouvé une carte, avec les indications d'accès à tous les villages, hameaux et lieux-dits du secteur. Par sécurité, je demandai quand même à Andréa de me montrer précisément le trajet. En gros, j'allais devoir faire une boucle d'une vingtaine de kilomètres. Je suis parti au volant de mon Ami 6 avec pour seuls compagnons ma carte, dont je ne me séparerais jamais, et ma sacoche. À la fois prêt à tout et préparé à rien…

Moi qui étais habitué à la campagne sans aspérité de l'Hérault, à ses espaces paisibles, civilisés, bénits par le soleil, j'étais déconcerté par le paysage que je traversais. Des prés sauvages aux mille nuances de vert et de bleu noir, parcourus de ruisseaux aux reflets mauves ou argentés, suivant l'heure du jour. Des failles tortueuses où se côtoyaient dans un pêle-mêle inextricable arbres et roches. Je découvrais une terre ténébreuse, volcanique, travaillée, sculptée, par un climat rude et d'anciennes forces telluriques. J'étais sans repère dans ce décor brut, quadrillé de chemins caillouteux.

À La Veysseyre, au bord d'un chemin, je trouvai finalement la ferme que je cherchais. Je garai ma voiture devant la cour où je fus accueilli par l'ample odeur – que j'ai toujours aimée – d'un tas de fumier.

On m'a fait entrer dans une large cuisine dallée de pierres grises, servant de pièce commune. Je remarquai, à l'aplomb du plafond, une sorte d'abat-jour blanc aux festons translucides et le ruban torsadé d'un vieux papier tue-mouches... De l'autre côté d'une porte, à droite de l'entrée, je distinguai un bruit de chaînes raclant le bois. Manifestement, elle donnait directement sur l'étable. L'hiver, il suffisait de l'ouvrir pour que la chaleur des vaches s'ajoute à celle de l'âtre ou de la cuisinière.

La famille était rassemblée autour de la fillette pour laquelle on m'avait appelé. Elle se tenait assise sur une chaise en bois. J'ai senti sa fièvre rien qu'en posant ma main sur sa tête. J'ai procédé à l'examen. Rien de grave, une amygdalite. C'est dans cette simple cuisine sur une table encombrée des reliefs du petit déjeuner que j'ai fait ma première ordonnance.

Je ne me suis pas attardé. J'étais attendu à Servillanges, dans une autre ferme, sans doute semblable à celle que je quittais, tout en pierre volcanique brun irisé, dans une autre cuisine, auprès d'une autre malade. En réalité, j'allais en voir deux : une jeune femme, apparemment la belle-fille de la petite dame brune qui m'accueillit, et la grand-mère.

Il serait courant qu'on me fasse examiner « au passage » un autre membre de la famille ou bien qu'on me glisse en me serrant la main : « Y a le père Combeuil, à côté, qui tousse bien, si vous pouviez passer… » Ce n'était pas tous les jours que ces gens, simples éleveurs de vaches ou de brebis, vivant de peu, et pour certains de rien, pouvaient se rendre jusqu'à Saugues pour consulter.

À l'époque, il y avait le car. Dans certains hameaux, on ne trouvait pas plus de deux véhicules pour six ou huit familles, qui servaient surtout à descendre les veaux et les agneaux à la foire aux bestiaux ou à aller au marché une fois par semaine. En cas de problème, on pouvait toujours compter sur la solidarité des propriétaires. Mais si le médecin passait dans le coin, il fallait en profiter !

Je me souviens que le trajet de La Veysseyre jusqu'à Servilanges fut relativement épique. Je me suis fourvoyé dans un chemin étroit, obscur qui s'est avéré être sans issue et où j'ai bien failli rester embourbé au milieu d'une ruisseau.

Avec tout ça, je suis rentré à Saugues vers onze heures moins le quart. En poussant la porte du cabinet, j'ai trouvé la salle d'attente archi-pleine.

Je passai les heures suivantes, jusqu'en début de soirée, à serrer des mains inconnues, à ausculter des gens dont les patronymes résonnaient drôlement à mon oreille et dont j'allais devoir apprivoiser l'orthographe : Cubizolles, Meyronneinc… J'essayai de me faire au patois, tricoté de syllabes en *oun*, *eï*, *aïr*, qui venait plus naturellement que le français. Au fond, ce premier jour a été à l'image de beaucoup d'autres : concentré, intensif, me laissant à peine le temps de déjeuner, ou même d'aller aux toilettes…

À la fin de cette journée, un bon dîner m'attendait, fumant sur la table de la salle à manger. En m'asseyant, j'ai constaté que celle-ci était impeccablement dressée, avec une assiette pour chaque plat, de l'entrée au dessert. Dans la composition du menu, le choix des mets, la façon de les présenter, j'ai vu la patte de ma mère. Elle avait d'évidence présidé à tout et donné ses directives à Andréa. J'étais heureux de pouvoir partager avec elle ce premier jour où j'avais dû exercer seul, sans avoir à me référer à mon chef de service ou au grand patron. C'était inédit, et je dois dire que j'y avais trouvé beaucoup de plaisir. Ce soir-là, en tirant le bilan de ce que je venais de vivre, j'ai pris plusieurs résolutions dont j'espérais qu'elles me faciliteraient les choses.

D'abord, dès mes visites du matin, j'avais compris que le monde paysan a ses règles et son rythme, dicté par le soin aux animaux. C'était à moi d'adapter mon activité et de me mettre à leur disposition. Donc, puisque mes patients potentiels avaient l'habitude de se lever très tôt, je décidai d'ouvrir mon cabinet pour les consultations à huit heures moins le quart et, sauf urgences évidemment, de consacrer l'après-midi et le soir à mes tournées dans la campagne.

J'ai également eu l'idée de tenir un petit répertoire des lieux du secteur, où j'ai commencé par noter tous ceux par lesquels j'étais passé ce jour-là : Domaison, Pontajou, Servières, Les Sept Sols, Pompeyrin, Le Rouve, etc., le nombre de kilomètres qui les séparaient, chacun, de Saugues. Je me suis constitué au fil des jours un pense-bête avec des indications concernant les accès qu'il était préférable d'emprunter pour parvenir plus facilement, donc plus rapidement, à Verreyroles ou à la ferme des Lonjon. En face de chaque lieu, j'ai rajouté le coût du déplacement qui était à inscrire systématiquement sur les feuilles de soin. Cela m'évitait d'avoir à le calculer à chaque visite, en multipliant le total des kilomètres parcourus aller-retour par le taux fixé par la Sécurité sociale.

Ce petit document, très pratique, je l'ai conservé soigneusement dans mon ordonnancier durant toute ma carrière. Au gré des changements du tarif des visites ou du déplacement, il n'a cessé d'être modifié, remis à jour, refait. Il a bien sûr connu le passage du franc à l'euro. Je conserve l'ultime version datant de 2012 dans ma sacoche médicale, avec mon stéthoscope et mon otoscope (le petit appareil qui permet d'examiner le conduit auditif). Ces objets résument toute ma vie.

Ma mère est restée près de moi pendant environ huit semaines. Je passais mes matinées dans mon cabinet et, chaque après-midi, je partais en vadrouille sur les routes et les chemins, parfois à peine carrossables, du canton. On se retrouvait aux heures des repas. De temps à autre, elle venait avec moi ; nous conjuguions alors nos intuitions pour trouver notre chemin. Par souci de discrétion, et parce que cela fait partie des principes de la famille de ne jamais s'imposer aux autres, elle préférait rester dans l'Ami 6 ou à proximité, le temps que j'examine mon patient. Quand on s'apercevait de sa présence, on me houspillait : « Mais faut la faire rentrer ! » L'occasion de se présenter, d'échanger différemment, d'abolir un peu la distance qu'instaurait ma fonction, de changer le regard. J'avais moi aussi une mère, j'étais aussi un fils. Celui-là comprendrait ce qui pouvait échapper au « médechi »... Cela mettait du beurre à l'ouvrage.

Avoir quelqu'un à qui parler de ce que je vivais était évidemment d'un grand réconfort. Je me sentais écouté, épaulé, aidé, bichonné. Je profitais d'une merveilleuse chance que je n'ai eue que rarement : avoir ma mère pour moi tout seul. En maîtresse femme, elle avait entrepris de régler toutes les questions relatives à mon confort et mettait petit à petit en place une organisation qui me soulagerait de tout problème d'intendance.

Premiers jours

Il n'était pas prévu qu'Andréa reste. Néanmoins, elle avait accepté d'assurer un intérim de quelques jours, le temps que je lui trouve une remplaçante. Sur les conseils de mon frère Rémy, j'ai embauché une jeune Saugaine, Christiane, dont les parents, chez qui elle résidait, habitaient à cinquante mètres de chez moi. Ma mère prit complètement en charge sa formation, lui enseignant jour après jour ce qu'exigeait, selon son expérience et ses critères plutôt rigoureux, hérités de son éducation alsacienne, le bon fonctionnement d'une maison, de la cuisine au traitement du linge, en passant par la propreté du cabinet et de ses instruments. Entouré par ces deux femmes qui me facilitaient tout, je me sentais libre de me consacrer à mon travail, à mes patients.

Je ne pensais qu'à une chose : la médecine.

2

1968

Grèves dans les usines, blocage de secteurs entiers de l'économie et de la fonction publique, occupations des lycées, des universités, à Paris, Lyon, Toulouse, Rennes, Marseille… Je vis loin de cette délirante agitation qui met une partie de la France ou dans la rue ou à l'arrêt, depuis le début du mois de mai 68. Ce que j'en apprends, par bribes, dans la presse, à la radio ou dans les conversations, semble appartenir à un autre monde, lointain, irréel. Mais j'ai l'occasion de prendre un peu mieux la mesure des choses à la mi-juin. J'ai rendez-vous à la faculté de médecine à Montpellier où je suis convoqué pour soutenir ma thèse. Des mois que cette date a été fixée.

Mes parents m'accompagnent ce jour-là, et nous nous frayons un chemin dans la foule bruyante, vociférante plutôt, de jeunes gens en blouse blanche qui font le piquet devant l'entrée principale. Dans le hall, c'est encore plus cacophonique. Le brouhaha se répercute sur les murs où des banderoles affirment en lettres capitales que le pouvoir est aux étudiants. Certaines réclament plus de postes d'internes, ce qui, j'en conviens intérieurement, ne serait pas du luxe, notamment dans les services où je suis passé durant mon externat…

Les portes de la salle dédiée aux soutenances sont verrouillées, le jury n'est pas arrivé. Postés légèrement en retrait, nous n'avons plus qu'à patienter dans la pagaille effervescente. Subitement, l'ambiance se tend et j'aperçois, dépassant de la tête et des épaules la cohue qui se concentre autour de lui, le professeur Bernier. Il emmène dans son sillage les quatre autres jurés, tous en toge. Les « Bernier, on aura ta peau ! » et autres gracieusetés, braillées à gorge déployée, semblent glisser sur le dos de mon président de jury comme de l'eau sur une toile cirée. Il avance droit. Une poignée de carabins se positionnent maintenant devant les portes de la salle, interdisant le passage.

Commence alors une brève négociation. Le jeu consiste à faire sentir à ce grand patron à l'air constamment hautain – ce qui lui a toujours valu à la fois la crainte et l'antipathie des étudiants – que son autorité est désormais nulle, sa supériorité périmée, et qu'il est tributaire du bon vouloir et des bonnes dispositions des étudiants. La situation est électrique. Quelques minutes encore et, enfin, les portes s'ouvrent puis se referment en claquant derrière nous. Et c'est en forçant ma voix pour couvrir la rumeur extérieure que je me lance dans l'exposé de mon sujet sur le cancer du hile du foie.

Retour dans la foulée dans le Gévaudan, que le vent de la révolution ignore résolument. À moins que ce ne soit l'inverse.

Ici, l'été s'annonce avec délicatesse.

Sous la caresse d'une brise légère, les fougères frissonnent voluptueusement. Le long de la Seuge, les pâturages vert citron se piquent de jaune d'or, de blanc et de rose groseille, les couleurs du genêt, de la fleur de l'herbe des Charpentiers et du serpolet.

Seul signe tangible que quelque chose, quelque part, ne tourne pas rond : l'essence commence à manquer, obligeant mon voisin garagiste à rationner ses clients. Bien sûr, les restrictions de carburant ne s'appliquent ni aux gendarmes, ni aux pompiers, ni aux membres de ma profession. Je continue donc à parcourir la campagne sans m'en soucier.

Je peux commencer les consultations au cabinet et devoir partir en urgence. Plantant là mes malades, ne sachant à quelle heure je vais revenir. Certains décident de patienter malgré tout. Les autres en sont quittes pour repasser plus tard. Pour ceux qui habitent un peu loin de Saugues, cela signifie refaire la même promenade à bicyclette, s'ils ont la santé pour, reprendre le car ou redemander une nouvelle fois au voisin qui a une voiture de les accompagner le lendemain, ou un autre jour. Ça fait des mécontents, c'est sûr. Comment faire autrement ?

Nous ne sommes que deux médecins pour tout le canton. Seulement, mon confrère, déjà âgé, a profité de mon arrivée pour sérieusement lever le pied. Dans un rayon de trente kilomètres, je suis donc celui sur lequel on doit pouvoir compter à tout moment, de jour comme de nuit. J'ai alors, potentiellement, une clientèle de plus de sept mille personnes, disséminées un peu partout sur le plateau de la Margeride. Mon répertoire des hameaux et lieux-dits s'enrichit chaque jour de nouveaux noms : Cubelles, Besseget, Védrinette, Escluzels, Pissis, La Mahuche, Grèzes, Venteuges, Le Falzet, Ramenac, Langeac… Parfois, certains y font leur entrée par inadvertance, au hasard de mes fourvoiements, mon sens de l'orientation ne s'améliorant que mollement.

De plus en plus souvent, je demande à Christiane de me préparer le midi un fricot que j'emporte dans une boîte. Sur la route, entre deux visites, j'attrape ainsi un petit sandwich en glissant la main sous le couvercle. Il n'est pas rare que je rentre de mes tournées dans le crépuscule chatoyant des jours les plus longs de l'année, l'estomac dans les talons.

Très rapidement, je décide d'ouvrir les consultations le dimanche matin. Dans ce pays profondément catholique, on va à la messe. Il y a ceux qui assistent au premier office et ceux qui vont au second, mais à la fin, on finit toujours par se réunir autour d'une table, chez un proche, ou au café sur le cours National, pour jouer aux cartes, boire un verre, discuter. Je ne prends pas trop de risque en imaginant que, parmi ceux-là, certains en profiteront pour passer entre huit et treize heures. La notion de week-end n'a pas tellement de sens. Ni pour les paysans ni pour moi.

Dix jours avant la Saint-Jean, le coup de fil que j'appréhendais depuis mon arrivée se produit. Un dimanche, en plein après-midi.

– Allô, oui, docteur Vieilledent à l'appareil.

– Bonjour, docteur, c'est la maternité…

Le temps de fourrer ma blouse et deux ou trois choses qui pourront m'être utiles dans ma sacoche, me voilà parti pour pratiquer le premier accouchement de ma carrière. En chemin, je pense à mon prédécesseur.

Lors de notre première rencontre, j'avais caché au docteur Simon mon absence d'expérience en la matière. Lui, en revanche, s'était répandu sur ses exploits obstétriques, en me racontant ces fois où, bravant le froid et la neige, il s'en était allé, skis aux pieds, à Venteuges ou à La Loubeyre, délivrer la Marie ou la petite Nauton.

Il avait insisté sur l'atmosphère chaleureuse, joyeuse qui règne dans les fermes au moment d'une naissance. Ça se passe en famille, avec la grand-mère et les enfants autour. En attendant, on s'assoit à la table de la cuisine, on discute, on prend un petit coup. « Ça fera venir le petit… » Une fois le bébé là, on trinque à sa santé et à celle de la mère qui a bien travaillé et puis on sort la charcuterie, le fromage et on remet ça. « Ah, la belle époque ! » avait-il dit les yeux brillants. Pas si ancienne, au demeurant.

L'inauguration de la maternité, qui a marqué la fin des accouchements à domicile (à quelques exceptions près), date de janvier 1968. Celle-ci a été aménagée au premier étage du vieil hospice de Saugues qui, à cette occasion, a obtenu la dénomination d'hôpital local. C'est la fierté de Simon, sa grande œuvre de maire. Mais surtout le symbole de son influence au sein du conseil général dont il deviendra le président en 1973, en même temps qu'il sera élu député. Avec tout ça, celui qui allait se coltiner les accouchements, en l'occurrence moi, aurait intérêt à assurer !

Il faut dire tout de même que c'était une décision frappée au coin du bon sens. Le Puy-en-Velay est à quarante-cinq kilomètres et le Samu n'existe pas encore. Les pompiers ? Ils sont formés et équipés pour combattre les incendies, pas pour l'assistance et le transport des personnes. Par ailleurs, les moyens de communication sont très limités : la majorité des foyers du canton n'ont pas le téléphone. En cas d'urgence, il faut rallier la première maison qui dispose d'un téléphone public installé par les PTT pour appeler le médecin. Pas simple tout ça.

Cette maternité constitue donc une première tentative d'organisation rationnelle de l'offre médicale. Elle possède une entrée indépendante qui donne sur une ruelle menant à la place de l'Église. Au moment de pousser la porte, je me ravise et traverse la chaussée. Il y a là, en vis-à-vis, la chapelle des Pénitents.

Dans quelques minutes, je vais enfiler ma blouse et prendre littéralement en main, pour la toute première fois, la responsabilité de deux vies, à l'instant même où l'une donnera naissance à l'autre. Léger vertige… Mais avec l'aide de Dieu… Debout près du bénitier, les yeux fermés et humblement, je le prie de me faciliter les choses.

Et je file.

C'est la première fois que je mets les pieds dans cette partie de l'hospice. En haut de l'escalier, je découvre un couloir plutôt court. À gauche, pas plus de cinq chambres en enfilade. À droite, la salle de travail et son équipement, puis un petit bureau où l'on a installé un lit de repos.

Je mets un visage sur la voix qui m'a parlé au téléphone un quart d'heure plus tôt. C'est une religieuse dans la pleine force de l'âge qui occupe un poste s'apparentant à celui d'une aide soignante. Le cas échéant, elle est aussi chargée, avec une autre de ses collègues, de seconder le médecin-accoucheur. Il n'y a ni infirmière ni sage-femme. Ensemble, nous allons voir la parturiente en plein travail. Elle est jeune. Elle grimace un sourire pour m'accueillir. C'est une première pour elle aussi et je ne saurais dire qui de nous deux est le plus effrayé.

Évidemment, je ne laisse rien paraître.

En 1968, le suivi prénatal n'était pas systématisé comme aujourd'hui. Loin d'être banal, l'usage de l'échographie ne se pratiquait encore qu'en milieu hospitalier. Je n'avais donc que les moyens du bord. En gros, les informations données par la mère et l'examen clinique. Inutile de préciser que la pratique de la péridurale n'était pas d'actualité. Je ne quitte pas l'étage un instant, allant du bureau à la chambre, puis de la salle de travail au bureau et inversement, surveillant régulièrement la progression de la dilatation du col de l'utérus et l'évolution du bébé à l'aide de mon stéthoscope obstétrical.

Je me revois penché sur la paroi abdominale, l'oreille posée sur le pavillon de cet instrument dénué de toute sophistication, par lequel on perçoit d'emblée, de façon très sensible, le souffle ténu d'une colonne d'air et les battements d'un petit cœur. La vie est là, blottie, invisible, mais là... Je l'entends. C'est bouleversant. Une joie pure, un émerveillement. À la seconde où je relève la tête vers le visage inquiet de la jeune mère, son regard m'accroche. Devant mon sourire large, franc et satisfait, elle se rassure. Ça se présente très bien.

La délivrance a lieu assez rapidement et, effectivement, sans difficulté particulière. Je remets un garçon, déjà bien vigoureux, entre les bras d'une maman fière et éreintée, que j'ai trouvée tout du long bien courageuse. Je dis ça au papa qui a passé les trois dernières heures dans le couloir, tantôt assis sur une chaise, tantôt debout, ne sachant quoi faire d'autre. Pour montrer qu'il ne doutait pas de sa moitié, dans un geste étonnamment gracile, il pose sa grande main tannée sur son épaule. Ils ont déjà décidé du prénom du bébé : Stéphane. Mon premier nouveau-né saugain.

Je n'imagine pas alors la place que cette maternité va prendre dans mon quotidien. Le docteur Simon comme mon frère Rémy se sont bien gardés de me prévenir. De peur sans doute que cela ne me fasse fuir ! Au cours des dix années qui suivront, je vais mettre près de mille bébés au monde, une centaine par an. Des enfants que je serai pour la plupart amené à suivre, à voir grandir, devenir adultes. Et, pour certains, je serai également là le jour où ils deviendront à leur tour père ou mère. Le cycle de la vie…

Et puis il y aura ce jour, terrible, où m'arrivera entre les mains ce petit corps inerte et bleui, déjà mort, étranglé par le cordon ombilical. Sans monitoring, sans échographie, c'était malheureusement impossible à prévoir.

Précoce, subite ou annoncée, la mort est toujours un échec. Une défaite. Une défaite évidemment inéluctable puisqu'on finit tous par mourir. Mais dans cette guerre perdue d'avance, la raison d'être du médecin est de remporter entre-temps un maximum de batailles.

J'aime le goût de la victoire.

Très vite, je dois faire face à un nouvel ennemi : la tuberculose.

Je connais bien cette pathologie pour avoir effectué un stage de six mois dans l'excellent service de pneumologie de la clinique de L'Aiguelongue à Montpellier. La maladie est moins fréquente mais toujours grave. Et toujours hautement contagieuse. Or, en milieu rural, où les familles comptent souvent trois générations vivant sous le même toit, cela peut prendre des proportions préoccupantes. Il suffit qu'une grand-mère crachote dans son coin pour qu'elle contamine vite fait, bien fait les sept ou huit personnes de la maisonnée. Il faut savoir y penser.

Mon premier cas à Saugues est un homme. Un commerçant du village, chez qui je me rends un après-midi de juillet 68. Je me souviens de l'avoir reçu, lui et sa femme, à mon cabinet, peu de temps après mon arrivée. Rien de spécial, ce jour-là. Cela m'avait au moins permis de faire un petit interrogatoire de routine sur ses antécédents médicaux. Je crois qu'ils étaient venus poussés par la curiosité. Ils voulaient voir la tête de ce jeune médecin qui reçoit en blouse blanche et débarque dans les fermes en costume cravate.

Cette fois, c'est autre chose. Depuis quelques jours, mon patient a remarqué qu'il y a du sang dans ses urines.

– Ce n'est pas la première fois que ça m'arrive, me dit-il.

Ces derniers mois, il a été traité pour plusieurs infections urinaires.

– Une de plus, hein, docteur ?

– On va voir ça. Déshabillez-vous…

Tandis qu'il retire son tricot de corps, j'en profite pour observer sa peau, sa coloration, sa texture. Je regarde sa conjonctive, l'ausculte, le palpe. En même temps, quelque part dans ma mémoire, résonnent les mots « mal de Pott », une forme de tuberculose osseuse. Je suis quasi certain qu'il m'a dit avoir été traité pour ça plus jeune. Je vérifie quand même si mon souvenir est exact. Il confirme, ajoute avoir été envoyé dans un sanatorium, dans le Nord, là-haut, vers Berck.

– J'y suis resté un bon moment, vous savez.

Je lui pose encore quelques questions, mais dans mon esprit le soupçon est presque déjà une conviction. Je termine l'examen en tirant de ma sacoche un flacon.

– J'aimerais repartir avec un échantillon d'urine. Pourriez-vous… s'il vous plaît ?

– Oh, bien sûr, docteur. Je reviens…

En sortant, je vais directement à la pharmacie déposer le prélèvement avec une ordonnance pour une recherche du bacille de Koch. Lorsque quelques jours plus tard le laboratoire du Puy-en-Velay me communique par téléphone le résultat de l'analyse, je ne suis pas surpris : c'est positif. Mon patient a donc bien, c'est plutôt rare, une tuberculose rénale. On pense souvent que le bacille de Koch se localise dans les poumons. Erreur. Il peut atteindre bien d'autres organes. J'aurai ainsi, bientôt, à traiter le cas d'une péritonite bacillaire.

Quelques mois plus tard, je serai appelé au chevet d'un paysan chez qui l'auscultation et la percussion du thorax indiqueront sans aucun doute possible un épanchement pleural. Pleurésie ? Certes… Mais s'il y avait autre chose ?

– Monsieur, je vais vous demander de vous asseoir sur cette chaise.

Nous sommes dans sa cuisine. Sa femme et sa fille se tiennent debout près de la table. J'installe mon patient en orientant la partie antérieure de son torse face au dossier de la chaise. Je sors alors mon matériel de ponction et prépare la zone où j'ai l'intention de piquer, là, dans le neuvième espace intercostal.

– Je vais effectuer un petit prélèvement du liquide que vous avez dans les poumons. Dit comme ça, c'est inquiétant, mais vous allez voir, tout va bien se passer. Je vous demande simplement de ne pas bouger.

Lorsque le liquide citrin est sorti par l'autre extrémité de l'aiguille, glissant contre les parois du flacon d'analyse, la fille et la mère en sont restées bouche bée. Elles n'avaient jamais vu faire ça.

De retour à Saugues, je passe déposer le prélèvement pleural à la pharmacie pour analyse. Le résultat montre que la pleurésie de mon fermier est fortement suspecte... C'est ce que je craignais. J'ai donc eu raison de me méfier. Je lui prescris un traitement long mais qui sera efficace.

À partir de là, je me dis vigilance, vigilance. La maladie rôde. Et elle ne se soigne encore qu'à l'hôpital. Pour mes patients, cela signifie donc partir, aller au Puy, pour un temps incertain... Une perspective qui effraie souvent autant mes malades que la tuberculose elle-même !

Mon obsession va être le dépistage précoce et la prévention. Je vais donc placer tous mes patients ayant un antécédent de maladie pulmonaire sous surveillance et, au moindre soupçon, pratiquer les tests par cuti-réaction ou par IDR (intra-dermo réaction), qui consiste à faire une petite injection de tuberculine sous la peau pour voir la réaction cutanée locale.

J'essaie aussi de convaincre les parents de faire vacciner leurs enfants par BCG. Pas facile à l'époque… La vaccination des plus jeunes suscite en général la méfiance, quand ce n'est pas une opposition de principe. Le message sur le BCG – divers bruits et rumeurs courent de villes en villages sur ses effets secondaires – est particulièrement ardu à faire passer. À son sujet, les résistances sont profondes et les mentalités dures à faire évoluer Alors j'y vais doucement. Quand les gens m'amènent leurs enfants, je propose au passage de faire le vaccin du DTP (dyphtérie, typhoïde, polio), mieux accepté, et je glisse : « Et puis, la prochaine fois, je lui ferai le BCG au petit. C'est très important, mais bon, vous le savez… » Je compte sur la confiance que les gens m'accordent.

Tout changera au tournant des années soixante-dix, lorsqu'un vrai système de protection maternelle et infantile sera mis en place et que l'État lancera chaque année de grandes campagnes dans les écoles, introduisant dans les familles les carnets de vaccination qui nous donneront, à nous, médecins, un véritable moyen de contrôle.

Chaque matin, je me lève en ne sachant pratiquement rien de ce qui m'attend. Rhinopharyngites, arthrose, angines, fractures, plaies… Ces dernières sont évidemment fréquentes. Les risques du métier… Un paysan peut se retrouver avec un pied écrasé par le sabot d'une vache un peu vicieuse, une jambe cassée en chutant dans un trou, une main, un doigt entaillés en étêtant un arbre, voire un coq.

Je palpe, j'ausculte, je nettoie, je suture, je soulage. Les jours s'enchaînent à une allure un peu folle. Je me laisse aspirer.

Novembre arrive comme un rien, et avec lui la première neige. Sur la route tortueuse qui descend vers Saint-Préjet-d'Allier, elle voile par endroits l'herbe des bas-côtés d'une mince pellicule scintillante sur laquelle glisse mon regard. C'est une journée morne. Le ciel bas filtre de pâles rayons de soleil, l'air est mordant. Je roule, travaillé par une seule question : dans quel état seront les corps ?

Une demi-heure plus tôt, le maire m'a prévenu qu'on venait de retrouver les époux Firmin morts, dans la retenue d'eau du barrage de la Virelange.

Un suicide selon toute vraisemblance. C'est la première fois qu'on m'appelle pour constater un décès. La première fois que je vais voir des morts par noyade. Auront-ils leurs vêtements ? À l'entrée du village, un homme m'arrête au moment où je m'apprête à tourner dans le chemin qui mène au barrage.

– Bonjour, le maire m'a appelé… Je suis le docteur Vieilledent.

– On vient de remonter les corps au café, docteur. C'est juste là, un peu plus loin devant, à gauche.

Je suis des yeux sa main qui se tend et mon regard tombe sur l'enseigne du dit café. Deux minutes après, j'entre dans la salle principale. On a allongé les deux cadavres à même le sol. Leurs habits sont imbibés d'eau et une flaque est en train de se former sur le parquet autour d'eux.

Je salue chacune des personnes présentes : les parents du mort, qui habitent la maison juste à côté, les gendarmes, les deux ou trois gars qui ont aidé à transporter les corps jusqu'ici, le patron de l'établissement. Il règne un silence compact. Je me penche alors sur les visages figés, bouffis, bleuis par l'eau et la mort. J'essaie de voir s'il n'y a pas de plaies ou de lésions particulières sur la peau. Je vérifie qu'il en est de même sur le cou. Je me relève et vais m'installer à une table pour remplir le certificat de décès. Trois feuillets bleus sur lesquels je suis tenu de transcrire précisément le détail de mes observations. J'écris. Je ne peux faire que ça. Je ne crois pas avoir jamais ressenti une inutilité aussi abyssale qu'à cet instant.

Chaque fois que je serai appelé pour constater un suicide, ça me fera le même effet... Pour cet homme qui se fera sauter la cervelle d'un coup de carabine dans sa cuisine, cet autre encore qui se tirera lui aussi une balle, mais dans le cou, pour ce jeune aussi qui se tuera dans sa chambre un jour où ses parents seront partis à la foire... J'en verrai ainsi une dizaine au cours de ma carrière. Tous des hommes. La plupart par arme à feu. Sur le certificat de décès, j'inscrirai parfois des noms que je connais bien, en pensant qu'ils ont choisi de partir un jour de pluie ou de plein soleil, en me rappelant que je les ai suivis, soignés tout ce temps. Pour en arriver là. Je ne cherche pas à comprendre. Leur acte leur appartient mais il me renverra à chaque fois à ce sentiment terriblement amer, auquel je ne m'habituerai jamais, de l'impuissance. Je détesterai toujours remplir ces feuillets bleus.

Sur la route du retour, je ne cesse de penser à ce que m'a dit la mère du noyé : ils ont deux enfants. Une fille de douze ans et un garçon de huit ou neuf ans. Que vont-ils devenir ces gamins ? Comment vont-ils faire pour vivre avec ça, avec ce pourquoi qui n'appelle aucune réponse ?

Personne n'a rien vu venir et le geste de ce couple restera à jamais sans explication.

3

Seul

L'été 1969 a un visage. Le doux visage auréolé de cheveux blonds de cette jeune fille que je trouve, à la fin d'une splendide après-midi de juillet, inerte sur le bitume chauffé par le soleil. Manifestement dans le coma. Son père, son frère, hébétés, sont auprès d'elle.

Elle était venue leur donner un coup de main pour les foins. Le travail du jour venait de se terminer. Ils repartaient tous les trois vers la ferme. Elle, à l'avant du tracteur, le nez au vent, près de son père qui conduisait. Et puis il y a eu ce coup de volant intempestif. L'engin a brutalement pilé, éjectant la passagère, tête la première, quelques mètres plus loin.

J'écoute le père qui me raconte tout ça, comme si c'était un autre qui prononçait ces mots. Et j'observe. C'est la région fronto-temporale qui a tout pris. Le choc a été violent. L'examen de la pupille me révèle la gravité du traumatisme.

Je suis arrivé le plus vite que j'ai pu, sur les coups de dix-sept heures J'avais été prévenu en route, à Saint-Préjet. Ce petit village est un carrefour pour moi, il m'arrive d'y passer au volant de mon Ami 6 plusieurs fois par jour. Y habite Mme Chaptal, une de mes patientes, qui dispose par ailleurs de l'unique téléphone public du hameau. Vu l'emplacement stratégique de sa maison, et du fait de nos bonnes relations, je lui avais demandé un jour d'être une sorte de relais de télécommunication pour moi. Ce qu'elle avait volontiers accepté. Et nous étions convenus d'un code. Si elle laissait un torchon blanc accroché au garde-corps de son escalier extérieur, c'était le signe qu'il fallait que je m'arrête ; elle avait un message pour moi.

J'avais donc vu le torchon. J'étais monté jusque chez Mme Chaptal qui m'avait annoncé que Christiane attendait que je la rappelle. Je ne partais jamais du cabinet sans avoir renseigné Christiane sur mon itinéraire. Afin qu'elle sache où elle pouvait tenter de me joindre en cas d'urgence. Une minute pour obtenir la ligne, puis la voix de Christiane dans le combiné : « Docteur, il y a eu un grave accident de tracteur… » C'est fréquent, ces engins sont si peu sûrs ! Elle m'avait signalé que la victime était inconsciente. Je lui avais donc demandé d'appeler une ambulance pendant que je me rendais sur les lieux.

Mais je me disais maintenant qu'on devait accélérer les choses. Si cette jeune fille avait encore une chance, c'était un hélicoptère qu'il fallait. J'ai donc couru au village à sept cents mètres de là pour appeler l'hôpital du Puy. On m'a répondu que l'appareil, basé à Lyon, était en cours d'intervention. Un accident de la circulation du côté de Saint-Étienne, avec des gens grièvement blessés. Il en aurait pour plusieurs heures…

Il ne reste plus qu'à attendre l'ambulance. Revenu auprès de la victime, je constate qu'elle commence à respirer difficilement. Impossible de la soulager : je n'ai aucun instrument pour l'intuber. Surtout ne pas rajouter mon inquiétude à l'angoisse de son père et de son frère qui attendent évidemment que je fasse quelque chose, donc je me concentre sur l'essentiel : préparer la patiente au trajet qui l'attend.

L'ambulance a roulé aussi vite que le lui permettaient les lacis de la départementale D 589. Le lendemain, au petit matin, mon premier geste a été de téléphoner à l'hôpital. Ma patiente n'avait pas survécu à la nuit. Elle avait vingt ans.

Quelques semaines plus tard, c'est une chute d'un toit en construction qui m'a mené jusqu'à une ferme sur la route de Langeac. J'ai trouvé la victime, un homme, un costaud, gisant sur le sol en béton du bâtiment où il travaillait à la charpente. Une poutre mal ajustée l'avait fait basculer dans le vide. Il était encore conscient, mais son état était critique. Là encore, j'étais impuissant. Il n'y avait qu'une chose à faire : le conditionner au mieux pour son transport en ambulance.

Arrivé au Puy, il a été redirigé immédiatement vers Lyon, afin d'y être opéré dès son arrivée par un neurochirurgien. Il ne s'est jamais réveillé.

Fichu été 69. Fichue Margeride. Si isolée sur son éperon de granit. Le premier hôpital est à quarante-cinq kilomètres. Il n'y a qu'une départementale à deux voies pour s'y rendre. Comme je l'ai dit, le Samu, le 15, n'existait pas encore et les moyens de communication étaient limités... Il fallait faire avec.

La souffrance, la peine des autres provoquent toujours chez moi un violent mouvement de révolte. Une émotion déflagrante. La première fois que je l'ai ressentie, j'étais encore ce petit garçon dont le monde tournait autour d'un minuscule point au cœur du Moyen-Atlas algérien : sa maison d'Aflou.

C'était un jour de deuil. Le Bachaga Daho, le plus haut dignitaire musulman du bled, venait de décéder. Une foule qui me semblait immense accompagnait sa dépouille jusqu'au Macabra, le cimetière musulman. La procession devait passer devant notre maison pour y parvenir. J'étais derrière les carreaux de la salle à manger et je regardais ces gens qui avançaient lentement, les uns se dandinant, les autres en agrippant leurs vêtements comme pour les arracher parce qu'ils leur brûlaient la peau. Criant, pleurant, cette foule me donnait l'impression de n'être plus qu'une douleur vivante.

Le nez collé à la fenêtre, j'étais fasciné, sidéré par cette vision infernale, intolérable. J'ai ressenti une compassion abyssale, une empathie absolue. Il fallait faire quelque chose pour les soulager. Tant de tristesse suffocante ne pouvait, ne devait pas être une fatalité. Il y avait sûrement quelque chose à faire. Et puisqu'elle était le fruit de la mort, alors il fallait battre la mort. C'est à ce moment-là que, pour la toute première fois, l'idée m'a traversé que, moi, je trouverais le moyen. Et peut-être même que je pourrais être ce moyen.

Je n'avais guère plus de six ans. Ce n'est que dix ans plus tard, l'année du bac, que je m'avouerais enfin vraiment que je voulais devenir médecin et que j'en ferais part à mon père lors d'une discussion en tête à tête. Jusque-là, cela resterait mon désir secret, parce que je savais qu'une fois dit le plus dur commencerait : prouver que j'en étais capable.

Après une année 1968 passée sur les chapeaux de roues, j'ai traversé 1969 sur le même tempo, à travailler dix à quinze heures par jour, sept jours sur sept, passant en fonction de chaque patient d'une discipline à l'autre, de l'ORL à la gastro-entérologie, de la rhumatologie à la pneumologie, de la dermatologie à la traumatologie. Il n'y a pas de petit ou de grand cas. Du moment que les gens font appel à moi, c'est qu'ils en ont besoin.

Le « médechi », on ne l'appelle pas pour des peccadilles. Pas le genre des gens d'ici. Et puis il y a une question de moyens. Sortir douze francs du porte-monnaie pour une consultation, ou quinze francs pour une visite à domicile, hors coût du déplacement, mérite réflexion pour beaucoup. La Sécurité sociale agricole existe depuis peu et la plupart n'ont pas encore le réflexe de se dire que cette dépense sera remboursée, du moins en partie (il n'y a pas encore de mutuelle pour couvrir la part complémentaire).

Le salaire moyen français de la fin des années soixante varie entre cinq cents et six cents francs. Ici, les gens gagnent souvent nettement en deçà. Ils vivent pour la plupart de l'exploitation de leur ferme. Peu de terre, peu de bétail, mais c'est sur ce peu qu'il faut faire manger la famille. Et les familles sont grandes entre les aïeux, les parents, souvent les frères et les sœurs encore célibataires, sans compter les enfants. Sur les tables des cuisines, on sert à peu près toujours la même chose : du chou, des pommes de terre, du lard. Le beurre, le fromage, le pain ne s'achètent pas, c'est souvent le travail des femmes de les fabriquer. Les intérieurs sont sans confort superflu ni gadgets électroménagers. La télé n'a pas encore envahi l'espace. Il y a rarement une salle de bains, plus souvent un cabinet de toilette, mais on se lave souvent à l'évier. De façon parfois succincte, comme il m'arrive de le constater lorsque je demande à un patient de se déshabiller pour que je l'examine.

J'entre dans ces vies simples et rustiques en ayant l'impression de le faire par effraction. Je sens leur gêne au moment de passer le seuil de leur porte. Cette précarité, ils en ont honte vis-à-vis des étrangers, ce que je suis encore. Tout ce que je peux faire, c'est leur montrer qu'il n'y a qu'une chose qui m'intéresse et qui occupe ma pleine et entière attention : le malade. Rien que le malade. Le reste n'a pas d'importance. Le reste, je ne le juge pas. De quel droit ?

Mon autre obsession est d'être le plus performant possible pour ne pas avoir à revenir ou à faire revenir les patients, afin qu'ils n'aient pas à repayer une consultation. Sauf si c'est absolument nécessaire, évidemment. Ou si mon diagnostic n'a pas été à la hauteur du premier coup. Ce que je veux férocement éviter.

Je ne me donne pas droit à l'erreur, à l'échec. D'autant que si les gens souffrent, s'ils ont mal, ils n'ont pas le choix : ils n'ont que moi ! Je suis le seul médecin qu'ils ont sous la main. Ma porte est donc ouverte à tout le monde. Tout le temps. Pour cette même raison, je ne refuse jamais une visite. Et puis on ne sait jamais...

Je suis seul aussi à assumer la responsabilité de mon diagnostic et des soins. Pas de grand chef derrière pour valider ce que je dis ou prescris, comme à l'hôpital. Une seule infirmière sur tout le secteur pour assurer une surveillance, administrer les traitements, soutenir, rassurer... C'est à moi de me charger de ça.

À Saugues, il n'y a, pour l'heure, que deux pharmacies et une petite maternité. Pas de cabinet de radiologie, pas de laboratoire d'analyses, quant aux soins infirmiers, ce sont les sœurs de l'hospice qui les assurent. Pas de spécialistes, juste un dentiste. Je suis donc seul, en première ligne. Alors je me donne corps et âme à ceux qui se tournent vers moi, en essayant de comprendre leurs problèmes pour mieux les résoudre... Une mission prenante, évidemment exaltante, mais écrasante aussi.

Un soir d'octobre, en revenant de ma tournée, je passe chez mon frère. Je suis exténué, à bout de forces et d'énergie. Mais cela fait déjà un certain temps que je suis dans cet état. En frère attentionné, Rémy s'en est bien sûr aperçu et, quand je lui lâche enfin : « Il faut que je m'arrête un moment… sinon je vais crever », il a immédiatement cette réponse qui me soulage au plus profond de moi :

– Ce serait plus que raisonnable, en effet. J'y ai d'ailleurs pensé. Si tu te décides à prendre un congé, je crois avoir la personne qu'il te faut pour te remplacer.

Rémy et son sens de l'anticipation…

– Qui donc ?

– Le jeune Monnier. Il est du coin et en sixième année de médecine à Lyon.

– Et tu crois qu'il serait prêt à assurer aussi les accouchements ?

– J'ai l'impression que ça ne lui ferait pas peur…

Rémy m'explique alors qu'il en a longuement discuté avec Monnier à l'occasion des entraînements. Monnier joue dans l'équipe de foot de Saugues, mon frère est président du club…

En effet, Monnier accepte tout, avec d'autant plus de facilités qu'il a derrière lui le docteur Simon, un proche de ses parents. Une proximité que je ne soupçonne pas quand, fin novembre, je lui laisse les clés de mon cabinet pour partir enfin me mettre au vert. Direction Divonne-les-Bains, pour une cure de remise en forme de trois semaines. Je ne les ai pas volées !

Ce coup de fatigue ne remet absolument pas en cause mon attachement grandissant pour ce coin du Gévaudan. Au fil des semaines, des mois, je me suis pris d'affection pour ses habitants. Je retrouve en eux ce qui avait subjugué mon âme d'adolescent chez les nomades du désert que j'avais eu la chance de côtoyer en 1955.

J'avais seize ans. Je tuais le temps, avant de retourner au collège à Alger, en travaillant dans une station hydraulique en bordure du désert. Ce petit boulot m'amenait à ratisser, au côté d'un ingénieur, la région en Land Rover, afin de mesurer le niveau des nappes phréatiques. C'est lors de ces missions que je rencontrai les nomades. Ils étaient en contact étroit avec les Pères blancs installés dans les environs. Ces religieux, je les connaissais bien. Ils ne manquaient jamais de venir saluer mon père et de déjeuner chez nous lorsqu'ils venaient une fois dans le mois célébrer la messe à Aflou. Grâce à eux, à plusieurs reprises, j'ai pu passer un peu de temps auprès des hommes du désert. J'ai été accueilli sous leur tente plantée entre le sable étincelant et le ciel immense. L'austérité de leur condition m'avait d'emblée touché et je me suis pris à fantasmer mon existence auprès d'eux. Une vie sans autre objet que la vie elle-même, âpre mais libre, intense et vierge de tout superflu. J'avais été séduit par leur rudesse, leur naturel, leur attachement à leur mode de vie aussi, même s'il était dur, même s'il était ingrat. Parce qu'il était dur et ingrat...

Je retrouve chez mes paysans de la Margeride cette façon d'être bien campés dans l'instant, le réel, l'essentiel, cette alacrité des humbles qui m'a toujours ému, parce qu'elle transpire une humanité toute nue. J'ai longtemps rêvé, durant mes longues heures d'études à Notre-Dame d'Afrique, de suivre ces nomades, de devenir leur médecin afin de leur apporter les soins, l'aide qu'ils ne réclamaient ni n'espéraient de personne, mais qu'ils paieraient volontiers, à qui voudrait bien les leur prodiguer, de la plus belle façon qui soit : d'une reconnaissance absolue. Le genre de reconnaissance qui donne à celui qui la reçoit ce cadeau sans prix : un supplément de vie. En plein Gévaudan, loin des sables du Sahara, je ressens à nouveau exactement ça.

Et puis, enfin, j'ai trente ans. Il est temps que je m'installe, que je me bâtisse une vie. Abandonner Saugues, rentrer à Montpellier pour passer le concours de l'internat reviendrait à retourner à la case départ, à dépendre encore de mes parents. Assez. Ils en ont assez fait pour moi.

Sans eux, sans leur soutien psychologique, financier, matériel, je n'aurais pas pu poursuivre des études, et certainement pas de médecine. Elles ont coûté cher. Il a fallu m'envoyer en France à la fin des années cinquante, me financer une chambre à Montpellier, puis à Lyon, où j'ai fait une année à l'école de Santé militaire – une erreur ! – avant de revenir à Montpellier.

Alors que mes trois frères étaient encore en Algérie, une Algérie en guerre bataillant pour son indépendance, mes parents, malgré l'incertitude et l'angoisse générées par la situation sur place, ont tout fait pour que je réussisse. Préservant ma sérénité innocente en ne me disant rien des tensions grandissantes entre Européens et Algériens, encore moins des attentats, des arrestations, des disparitions... Ici, en France, nous étions largement sous-informés de ce qui se passait là-bas et, de toute façon, accaparé comme je l'étais par mes cours à la fac, mes stages à l'hôpital, tout entier tourné vers l'idée qu'il fallait que j'aille au bout de mon marathon universitaire, je vivais relativement isolé du bruit du monde. Je ne soupçonnais pas vraiment la vulnérabilité que ressentaient les miens. Sans eux, je ne serais pas devenu médecin. Il est plus que temps que je leur rende ce qu'ils m'ont donné.

D'autant que mes parents sont revenus en France en 1962 avec rien, si ce n'est une valise. C'était ça ou le cercueil, et il s'en fallut de peu… Ils nous avaient retrouvés, mes frères et moi, dans l'appartement que mon père m'avait fait chercher et louer deux ans plus tôt.

Puis mon père avait dû attendre qu'on lui attribue un nouveau poste dans l'administration préfectorale. La France ne savait pas quoi faire de ses rapatriés à l'époque. C'était aussi vrai pour les membres de son administration. Pendant longtemps, mon père n'a pas voulu y croire, jusqu'à ce qu'il comprenne que, malgré son dévouement et la qualité de son travail auprès de ses supérieurs civils et militaires, il ne serait pas sous-préfet, ayant été rapatrié en urgence. À Trézel, il était le troisième ou quatrième personnage le plus important du département. Il était connu et respecté. L'importance de sa position rejaillissait sur nous : nous étions là-bas les enfants de quelqu'un. Ici, en France, il n'était qu'un fonctionnaire parmi d'autres. Je crois qu'il a ressenti cet anonymat et cette indifférence à l'égard des services rendus en Algérie comme un déclassement. Du moins, c'est ainsi qu'avec ma mère et mes frères nous l'avons, nous, vécu. Situation d'autant plus douloureuse que, dans cette France que nous avions si peu fréquentée auparavant, nous étions sans réelles attaches (à l'exception de Marvejols d'où mon père était originaire), sans racines, sans relation professionnelle, amicale ou affective. Le vide.

Aujourd'hui, je pense que si je me suis jeté à corps perdu dans mes études médicales puis dans mon métier, c'est sans doute pour combler cette faille au bord de laquelle j'avais atterri le premier en quittant l'Algérie en 1956, suivi par les miens, les uns après les autres.

Offrir à nos parents une vie douce, confortable, est l'objet de la plupart de nos discussions avec Rémy ces derniers temps. Nous rêvons de leur payer une maison où ils se sentiraient bien et où ils pourraient couler une retraite heureuse, le jour venu. En attendant de trouver la bonne affaire et de gagner l'argent nécessaire, il n'y a qu'une chose à faire : leur faciliter la vie. Nos deux petits frères sont encore scolarisés. En ma qualité d'aîné, il me revient d'être un soutien pour ma famille. C'est mon devoir et ma responsabilité, et j'en ai maintenant les moyens. Je participe donc financièrement aux frais de Louis, mon troisième frère, qui fait son service militaire au Mont Valérien à Paris, tout en préparant les concours d'HEC et du ministère des Affaires étrangères. Parlant couramment l'arabe, il vise une carrière de diplomate. En revanche, Pierre, le petit dernier, a toujours du mal à trouver ses repères en

France. Ses résultats scolaires sont mauvais. Il a fallu le changer d'établissement à plusieurs reprises déjà. Après Montpellier puis une année au Puy-en-Velay, il est à Lyon où il passera en terminale en septembre 1969. Je me charge de régler sa pension. L'année prochaine, c'est le bac.

De retour en décembre 69, requinqué par ma cure de repos, j'ai tout ça en tête et l'envie au corps de retrouver Saugues, mes patients et de me remettre au travail.

Au moment de reprendre possession de mon cabinet, mon remplaçant me fait comprendre qu'il envisage de s'installer... ici. Sa famille est du coin, celle de sa femme aussi, un choix somme toute logique. Je comprends que c'est loin d'être une simple idée quand, quelques jours plus tard, il vient sonner à ma porte un soir. Il a déjà tout organisé et est prêt à ouvrir son cabinet. Il a juste besoin de ma bénédiction et d'une autorisation de ma part à l'intention de l'Ordre des médecins. Je n'imaginais pas que son projet fût aussi mûr et j'en suis un peu surpris, mais j'accède à sa requête. De toute façon, un second médecin ne sera pas de trop vu la charge de travail ! J'envisage déjà de mettre en place un système de garde qui me permettrait de me libérer un week-end sur deux. Réjouissante perspective...

L'hiver s'étiole doucement et je trouve le temps – une fois n'est pas coutume – de me rendre à un colloque, organisé en mars 1970 à la faculté de médecine de Montpellier. La dernière fois que j'étais venu, les étudiants croyaient faire la révolution. Et c'est ce qui s'est passé. Dans un bref mouvement, le système a fait un tour sur son axe. Parfait. Complet. Et les mandarins sont restés mandarins, les internes, internes et les externes, externes. Rien n'a changé. Le rêve de ces derniers est resté le même que celui de leurs aînés d'avant Mai 68 : faire carrière à l'hôpital (la voie de l'excellence par excellence), passer les concours pour gravir les échelons, signer un maximum d'articles, voir son nom passer de la dernière à la première place et devenir grand patron à la place du grand patron. Enfin, peut-être. Au bout du compte, il y a tant d'appelés et si peu d'élus.

Je tombe sur l'assistant du professeur Bernier. Il est toujours là, au poste où je l'ai laissé deux ans plus tôt, en clinique médicale à l'hôpital Saint-Éloi. En guise de salutations j'ai droit à : « Alors, Vieilledent, tu fais dans la médecine vétérinaire maintenant ? »

Il est content de lui et de sa petite plaisanterie, mon ex-confrère. Je ne réplique pas, me laisse taper sur l'épaule, serrer la main. Au fond, qu'il pense ce qu'il veut.

Oui, j'ai choisi Saugues et ses paysans.

Seul

Oui, j'ai choisi la médecine rurale.

Oui, ça sent plus souvent la vache que le vétiver dans mon cabinet. Mais ce sont des hommes et des femmes qui ont du cœur.

Je ne rejette pas le système hospitalier. J'en viens. Il m'a formé et j'ai d'abord pensé y faire carrière moi aussi. Je ne l'oublie pas. Mais sur mon plateau de la Margeride, je suis à ma place. C'est maintenant une certitude.

4

Tchaiou et médechi

Allongé sur mon petit lit d'appoint, je regarde le plafond gris virer au bleu à mesure que le jour prend le pas sur la nuit. Un nouveau dimanche… J'ai passé les dix-huit dernières heures à la maternité au chevet d'une jeune femme dont l'enfant, qui paraissait d'abord pressé d'arriver, se fait désirer. J'ai encore écouté les battements du cœur du bébé au stéthoscope obstétrical une heure avant, il semble bien aller, mais je suis quand même préoccupé. Le travail a commencé lentement, dans la nuit, par quelques contractions espacées. Si les choses devaient encore durer, se compliquer, et la situation nécessiter finalement une césarienne, je ne suis pas équipé ici pour la pratiquer. Je suis d'autant plus enclin à penser qu'il est temps d'envoyer la maman à l'hôpital que je ne la connais absolument pas.

C'est mon jeune confrère Monnier qui a suivi sa grossesse. Au cours de nos différents échanges nocturnes, elle m'a confié qu'elle était venue au cabinet au moment où il m'avait remplacé. Depuis lors, il était son médecin. Je l'avais sentie gênée de devoir être accouchée par moi plutôt que par lui. C'est sans doute pourquoi elle avait cru bon de préciser pour justifier le choix de son médecin : « Vous comprenez, il se trouve que nous sommes cousins. »

Monnier a vissé sa plaque à Saugues début janvier 1970. Le printemps touche maintenant à sa fin. Entre-temps, je n'ai eu que très peu de contacts avec lui. J'avais pensé que nous pourrions collaborer plus étroitement à la faveur des tours de garde dont nous avons, dès les premiers jours de son arrivée, fixé les termes. Mais il reste résolument distant avec moi. Nous exerçons chacun à un bout du bourg et c'est comme si un monde nous séparait. Chacun de nous assure une permanence un week-end sur deux, du vendredi vingt heures au lundi huit heures, et nous en restons là.

Bien sûr, durant ces gardes, nous avons alternativement accès à la clientèle de l'autre. En l'occurrence, il a surtout accès à la mienne, bien plus conséquente, forcément, puisque j'ai exercé seul ces deux dernières années. Mais mon confrère a l'avantage d'être un enfant du pays. Il joue dans l'équipe de foot locale, il parle le patois et il connaît les familles, leurs petits secrets et surtout l'historique des ascendances et descendances, voire les sobriquets. Enfin, il bénéficie de l'entregent de mon prédécesseur, le docteur Simon, dont j'apprends incidemment qu'il en a fait son protégé. Autant dire qu'il a tout pour se faire rapidement une petite clientèle… en recrutant parmi certains de mes patients, entre autres.

Je ne suis ni envieux ni déstabilisé. Que les gens aient maintenant le choix, je trouve cela plutôt sain. Qu'ils préfèrent Monnier fait partie du jeu. On ne peut pas plaire à tout le monde. Et puis ne plus être l'unique praticien du canton allège un peu ma charge de travail quotidienne.

Je réajuste ma cravate autour de mon col de chemise, enfile ma blouse et mes chaussures et me rends dans la salle de travail pour faire part à la future maman et à son mari de ma décision : il est temps d'évacuer la parturiente. Ils ont passé la même nuit que moi : sans sommeil. Il est maintenant plus de sept heures du matin, ils sont épuisés. Ils conviennent que c'est l'option la plus raisonnable.

Je retourne donc dans le petit bureau pour prévenir l'hôpital du Puy de leur arrivée et donner tous les éléments dont je dispose concernant l'évolution du travail au cours de la nuit. Puis je compose le numéro d'un des deux services d'ambulances (il s'agit en fait de simples taxis qui transportent, au gré des circonstances, ou des clients ou des malades) que compte Saugues en 1970. Malheureusement, ça sonne dans le vide. Je n'ai pas plus de succès avec le second : le véhicule vient de partir pour une course. Reste mon Ami 6 qui dort dans la rue.

Ni une ni deux, j'embarque le couple à l'arrière et nous voilà partis.

En chemin, l'état de ma patiente évolue. Je jette un coup d'œil à ma passagère dans le rétro. Plus ça va et plus je la vois grimacer. Elle ne sait plus quelle position adopter sur la banquette. Les contractions se font de plus en plus rapprochées, me confirme-t-elle. Il semble que ce petit ait d'un coup envie d'accélérer les choses. J'accélère aussi.

Passé l'Allier, catastrophe ! La voiture se met à ralentir toute seule et finit par s'arrêter dans une série de pathétiques crachotements. Même pas le temps de me poser des questions sur ce qu'il convient de faire, c'est tout vu ! Une auto se dirigeant vers Saugues vient de pointer le bout de son capot à l'horizon. La chance est avec nous. Je descends *illico presto* et me poste au milieu de la route en agitant les bras comme un furieux. Le conducteur s'arrête. Sans vraiment lui laisser le temps ni de parler ni de penser, j'ouvre sa portière d'autorité et, l'informant que je suis médecin, je lui intime l'ordre de descendre. C'est une urgence, une femme est en train d'accoucher dans ma voiture qui vient de tomber en panne. Voiture que je laisse sous sa garde, en gage, pendant que j'emprunte la sienne pour la conduire à l'hôpital du Puy. Le type semble un peu désarçonné par mon discours débité tout à trac, mais se laisse faire sans rechigner. Le temps de transférer la maman et son mari et nous voilà repartis en moins d'un quart d'heure. Je ne connais évidemment pas le véhicule mais je n'y prête guère attention, je passe la quatrième vitesse.

Arrivé à l'hôpital, Mme B. accouche très rapidement, et tout à fait normalement. Une fois rassuré sur ce point, et après avoir félicité les deux parents, je reprends le volant pour aller retrouver mon véhicule et l'inconnu à qui je l'ai laissé.

À mon arrivée, il n'est pas loin de midi.

Mon samaritain malgré lui fume adossé à la porte de ma Citroën, en me regardant placidement garer sa voiture derrière la mienne. Je descends, la main déjà tendue, et me représente, de façon plus civile, cette fois, me confondant ensuite en excuses pour le kidnapping un peu brutal de sa voiture. Mon bonhomme, qui a l'air d'en avoir vu d'autres, rigole et me dit qu'il a mis le temps à profit pour réparer ma panne. Il se trouve que j'étais tombé sur un mécanicien…

L'année qui suit, en juillet 1971, me revoilà filant sur cette même D589. À nouveau vers le Puy. À nouveau pied au plancher. J'ai depuis quelques mois une 204 Peugeot, plus fiable, plus souple, plus rapide aussi que ma vieille Ami 6. Je fonce parce qu'il y a, sur la banquette arrière, un homme en larmes qui tient son enfant mourant dans les bras. C'est une course perdue d'avance contre la fatalité, je le sais, mais lui a encore besoin de croire qu'elle peut être prise de vitesse. Il lui reste ce seul espoir, alors je l'aide à s'y accrocher. Dans le rétroviseur, je vois Louis, penché sur le corps de son fils, dans l'attente d'un souffle sur ses lèvres pâles, d'un murmure, d'une preuve de vie, même infime, même furtive, mais une preuve quand même.

Il y a moins de deux heures, ce petit garçon de deux ans et demi riait dans le giron de son père assis au volant de son tracteur. Perchés sur le mastodonte aux roues énormes, il leur semblait dominer le monde. C'est la pleine saison des fenaisons et l'enfant avait tancé son père toute la matinée pour l'accompagner aux champs.

Pour quelle raison, à un moment donné, sont-ils descendus du tracteur ? Personne ne s'en souviendra. Toujours est-il que le père est remonté seul pour faire une manœuvre. Le petit était encore dans son champ de vision, à deux mètres sur sa gauche, au moment où il a enclenché la marche arrière…

Comment s'est-il retrouvé derrière l'engin à l'instant où il a reculé ? L'une des roues lui est passée sur le thorax. La trace y est comme moulée à même la peau.

Nous sommes arrivés à l'hôpital en vingt-cinq minutes. Les médecins qui ont immédiatement pris en charge l'enfant n'ont pu le réanimer. Après ça, il n'y avait rien d'autre à faire que de repartir comme nous étions venus.

À l'arrière, Louis n'est plus qu'une masse de douleur qui répète en serrant le petit corps contre lui : « C'est moi qui l'ai tué. » J'essaye de lui dire que c'était un accident, qu'il ne doit pas s'en rendre responsable. Dans son chagrin, il ne peut pas m'entendre.

Cet homme, je ne le connais pas si bien, c'est sa mère qui est ma patiente. Elle souffre d'une pathologie assez lourde qui nécessite un suivi constant. Je la vois donc presque tous les vendredis. Une femme formidable, courageuse, qui, avec son mari, a réussi à monter une belle exploitation agricole. La ferme est un peu isolée sur les bords de la Seuge et c'est maintenant Louis, l'aîné de la famille, le seul d'ailleurs qui soit resté au pays, qui la dirige avec son épouse. Le garçonnet qu'il garde lové contre son grand torse était leur petit dernier, leur quatrième fils… Je l'avais mis au monde.

Ce qui s'est passé sur cette route, ce jour-là, dans ma voiture, va nous lier, cet homme et moi, pour le reste de notre vie. Je n'ai pas de mot pour qualifier notre relation. Il ne s'agit ni d'amitié ni de fraternité. C'est autre chose. Un sentiment de l'ordre de la confiance. De celle qui doit unir des frères d'armes, je suppose. À la vie, à la mort. Cette tragédie traversée ensemble m'a de fait inclus dans cette famille. J'aurai toujours le sentiment d'en être un membre à part entière chaque fois que je me retrouverai chez eux. On me fera part de ces petits détails du quotidien qu'on ne partage qu'avec les gens de son sang : la dernière bêtise du petit-neveu, le permis de conduire de la nièce, les fiançailles de la cousine de Lozère, le glissement de terrain à la Triouleyre…

Je resterai le médecin de cette famille jusqu'à ma retraite.

J'aurai ainsi le bonheur de suivre la femme de Louis dans une nouvelle grossesse quelque temps plus tard. Un dernier enfant, un garçon, comme le symbole de la vie qui continue. Un signe de Dieu pour ce couple très croyant. La preuve qu'Il ne les avait pas abandonnés.

Chaque jour, je me retrouve ainsi aux premières loges de la vie des gens, de leur destin, dans ce qu'il a de plus banal ou de plus beau, parfois de plus dramatique. Je ressens tout intensément, j'absorbe, j'écoute, j'entends. Je suis obsédé par l'idée que, pour bien faire, pour être bon, et non meilleur, je dois comprendre ceux qui viennent à moi et m'adapter.

Par exemple, quand je reçois quelqu'un pour la première fois, il y a toujours cette défiance de fait, silencieuse, instinctive, non pas vis-à-vis de moi, l'homme, mais du médecin. Je l'ai ressentie dès mes toutes premières consultations. Elle est aujourd'hui plus ou moins prégnante, mais elle est là, encore, malgré tout. J'ai bien sûr cherché à savoir pourquoi.

J'ai vite compris que se rendre à mon cabinet, ou me faire venir à domicile, signifie une chose : c'est grave. Dans la tête de nombre de mes concitoyens, je suis celui chez qui on va parce qu'on a tenu face à son mal jusqu'à ne plus en pouvoir. Je suis le dernier recours, celui que l'on consulte en dernière instance, après le rebouteux (et c'est encore vrai aujourd'hui). Si lui n'a rien pu faire, alors il ne reste plus que le « médechi ».

J'ai constaté qu'on n'aime pas beaucoup être vu dans mon cabinet et qu'on n'aime encore moins voir ma voiture garée dans la cour de sa ferme… On craint que cela fasse jaser alentour. Je réalise que chez mes paysans du Gévaudan, on a presque moins peur de la maladie elle-même que du fait que les autres découvrent votre condition. La maladie est largement vécue comme un *fatum*, une tare, une honteuse atteinte au corps. Lorsque je quitte le chevet d'un patient, c'est souvent que l'on me glisse : « Arabei (adieu), docteur, et surtout, emportez mon mal avec vous. » Si elle est souvent dite d'un ton léger, elle sonne pourtant comme une prière, cette petite ritournelle. Alors je fais tout pour ne pas avoir à revenir.

Et puis je suis extrêmement chatouilleux sur la question du secret médical. Ce qui se passe entre moi et mes patients reste entre eux et moi. La consigne est stricte pour les personnes qui travaillent avec moi. Parler ici ou là d'un cas ou d'un autre est un motif de congé immédiat. Christiane, qui travaille maintenant à plein temps comme secrétaire au cabinet, le sait, mais c'est aussi valable pour toutes les personnes qui vont successivement s'occuper des tâches domestiques dans la maison, et cela le sera aussi pour mes futurs stagiaires.

Quant au rebouteux… j'apprends à passer après. Mais surtout je me défends de juger ou d'exprimer une quelconque critique à son égard ou à l'égard de ceux qui me confient avoir eu recours à ses services. Je n'oublie pas que je suis moi-même le petit-fils d'un « tchaiou », comme on dit ici.

Eugène, le père de ma mère, était une légende au bled. Il avait le don de réparer les fractures. Au début du XXe siècle, on venait de tout le sud de l'Oranais, à pied, en charrette ou calèche (pour les plus nantis), jusqu'à Palat, où la famille possédait une propriété viticole prospère, pour être « soigné » par lui. À une époque où les radiographies n'existaient pas, il pouvait – paraît-il – distinguer la moindre microfracture d'un pouce ou d'une côte et il n'avait – paraît-il – pas son pareil pour remettre les os en place et immobiliser un radius ou un fémur cassés par un coup de sabot, une chute de cheval ou de bicyclette…

« Tchaiou » du bled ou de la Margeride, quelle que soit leur spécialité, je reste sceptique sur le « don » réel des guérisseurs. Néanmoins, je respecte qu'on puisse croire en leur talent et je n'en veux jamais à mes patients d'être passés d'abord par eux. Mais je vérifie quand même, et plutôt deux fois qu'une, que leur intervention n'a pas fait plus de mal que de bien.

Je me souviens du cas de ce patient venu en consultation pour des migraines persistantes. Après m'avoir confié qu'il s'était fait manipuler le crâne et le cou à plusieurs reprises par un des plus fameux rebouteux du canton, je l'ai fissa envoyé faire des radios au Puy. Il est revenu avec des clichés montrant une cervicale fracturée… De quoi finir sur une chaise roulante au premier faux mouvement. Mais mon patient croyait si fort dans le pouvoir de son guérisseur qu'il est arrivé chez moi sur ses deux jambes. Un miracle en soi !

Autre tabou ici, autre gros mot : hôpital.

Chaque fois que je dis : « Il va falloir aller à l'hôpital », je vois les visages pâlir. Souvent, l'idée fait peur, parce que, si me consulter est déjà la preuve que la situation est grave, l'hôpital, c'est l'étape suivante, celle du très grave, voire peut-être de l'irrémédiable. À minima, elle inquiète. Là encore, à moi de comprendre l'origine du stress. À moi de prendre en considération que, dans la tête de mes paysans, l'hôpital signifie partir, aller au Puy (l'autre côté du monde pour certains), se retrouver à quarante-cinq kilomètres de sa ferme, de ses bêtes. Qui va bien pouvoir faire le travail ? S'occuper des animaux, du labour des champs, des corvées ? Et les soins, combien vont-ils coûter ? Ce n'est pas forcément exprimé, mais ce sont des questions logiques pour qui vit ici. Je ne les évite pas, bien au contraire, je les anticipe. Envisager une solution à leurs problèmes peut suffire à obtenir leur consentement.

Parfois, il faut comprendre que leur réticence tient à de petites choses. Des choses simples, voire triviales, comme par exemple devoir acheter un pyjama, des pantoufles. Ce n'est pas qu'ils n'ont pas ce qu'il faut, mais à l'hôpital il va falloir partager la chambre avec d'autres. On sera vu par des étrangers et par le personnel soignant. Pour des natures pudiques, avouer qu'on n'a pas de linge de nuit décent ou de nécessaire de toilette n'a rien de facile. Pour quelques personnes démunies, il m'arrivera donc de faire un détour en ville pour faire l'emplette d'une serviette ou d'un tricot de peau neufs.

C'est avec ce genre de gestes, d'attentions que, petit à petit, se construit la confiance.

5

La neige !

L'automne 1970 est particulièrement splendide sur le plateau de la Margeride. Partout, un exubérant camaïeu de jaune, brun, vermillon par bois, bosquets et prés. En fin d'après-midi, quand la journée a été belle et qu'un soleil mourant jette ses derniers rayons sur les feuilles rouges des cerisiers sauvages, on croirait les forêts en feu. La terre exhale alors un parfum de sous-bois humide, d'humus et de champignon qui monte à la tête. Au crépuscule, l'air, d'un coup plus frais, laisse des frissons sur la peau. Et puis, un matin de novembre, sans crier gare, la neige fait son apparition.

Elle couronne d'abord distraitement les toits de tuiles, la cime des arbres, tapisse d'un voile cotonneux les chemins herbeux, puis s'accroche à la faveur des gelées matinales. J'entends dire dans ma salle d'attente que ces flocons, précoces mais tenaces, sont signe que l'hiver sera long... À partir du 15 décembre, il en tombe tous les jours, en continu et en quantité.

Pas aussi efficaces qu'aujourd'hui, les deux antiques engins de déneigement mobilisés sur le canton perdent plus de terrain qu'ils n'en gagnent. La neige partout s'accumule, s'entasse, se tasse avec opiniâtreté. À tel point que Saugues ne parvient plus à être approvisionné en denrées de base comme la farine. Les boulangers du bourg seront, pendant quelques jours, au chômage technique, avant que la départementale qui nous relie au Puy ne soit dégagée. Ailleurs, la neige a vite conquis les axes routiers secondaires. Quant aux chemins, ils ont tout simplement disparu sous un épais manteau blanc. L'accès à nombre de hameaux est désormais interdit à tout véhicule et la mairie va devoir employer des moyens d'un autre âge pour aller livrer aux habitants leur pain quotidien.

Les difficultés de circulation deviennent une véritable angoisse pour moi. Ma 204 Peugeot n'est pas la meilleure des alliées dans ce genre de situations. Si une urgence devait survenir, je ne sais pas comment je pourrais faire face. Noël est dans quelques jours, c'est un lundi, cette année, et je serai de garde. Je décide de m'en ouvrir au maire, Jean-Claude Simon, afin d'envisager une solution au cas où. Entre médecins, je suis persuadé qu'on va se comprendre. J'ai tort. Tout ce que j'obtiens de lui, c'est : « Mais démerde-toi, mon vieux ! Je me suis bien débrouillé, moi, pendant des années ! »

Je ressors de son bureau avec ça dans ma poche, et mon mouchoir par-dessus.

Il me reste une option… le jeune Julien. Un garçon de ferme au physique impressionnant qui loue ses solides bras à la journée. Son nom m'avait été soufflé quelque temps plus tôt par une de mes patientes à qui j'avais fait part de mon inquiétude à trouver quelqu'un qui puisse m'accompagner pour faire mes visites par cet hiver impossible. Comme je lui avais dressé le profil du candidat idéal – qu'il connaisse bien le coin, sache conduire sur les routes enneigées ou verglacées et qu'il soit bon en mécanique en cas de panne (mon éternelle hantise) –, elle avait immédiatement pensé à ce garçon d'une vingtaine d'années qui habitait non loin de chez elle, dans un misérable appentis.

Le vendredi 22 décembre, dans les heures qui précèdent ma prise de garde, je rappelle donc cette dame pour lui demander de bien vouloir se rendre chez ce jeune homme (qui n'avait pas le téléphone) pour lui proposer de m'accompagner le lendemain après-midi pour une série de visites que j'avais prévue de faire autour de Saugues, là où je savais que les chasse-neige seraient passés. Elle me passe un coup de fil dans la soirée pour dire que Julien m'attendra vers quatorze heures à l'intersection de la route de Langeac et du chemin du Fraisse.

Le samedi, à l'heure dite, je stoppe ma Peugeot à l'endroit convenu, laissant tourner le moteur pour éviter d'avoir froid. À peine arrivé, la neige recommence à tomber. Tourbillonnante dans le vent glacial, elle abolit le paysage. Je ne vois bientôt plus rien à plus de cinq mètres et j'ai l'impression d'attendre dans un *no man's land* sibérien. Et puis, d'un seul coup, dans le cadre de la vitre côté passager, en surplomb, j'aperçois une ombre compacte qui me semble rouler du talus, soulevant des vagues de neige sur son passage. Dix secondes plus tard, la porte s'ouvre et Julien vient s'encastrer dans le siège à côté de moi. Il est si grand et si costaud qu'il semble occuper tout l'espace de l'habitacle.

Il sort de son gant droit en laine une main de géant, moite et rougie par l'effort :

– Bonjour, j'suis Julien, et vous le docteur Vieilledent, hein ? Alors, qu'est-ce qu'on fait ?

– Eh bien, j'ai quelques malades à visiter aujourd'hui. Compte tenu du temps, j'ai besoin de quelqu'un qui puisse me sortir d'affaire en cas de problème.

– Bon. Eh bé, c'est parti alors.

Ses bottes dégoulinent d'eau mêlée de fumier. Il sent la « vache », mais dégage une force tranquille qui me rassure immédiatement. Très vite, Julien comprend que mes talents de pilote sont limités sur les routes glissantes et, après ma deuxième visite, il me propose de prendre le volant… que je lui cède bien volontiers. À aucun moment, il ne m'a demandé de m'accompagner chez les gens. Dès qu'on arrive à destination, il coupe le moteur et, sans un mot, se relâche au fond de son siège, dans un mouvement qui semble dire : « C'est bon, je suis bien là. Je vous attends. » En route, je tente de faire plus ample connaissance avec ce grand mutique.

– Vous êtes marié ?

– Nan.

– Vous vivez seul ?

– Oui.

– Et vos parents ?

– Mon père est mort.

– Oh, je suis désolé…

– Ça fait longtemps, j'avais pas huit ans.

– Et votre mère ?

– Elle est dans un hôpital psychiatrique.

– Ah… Des frères, des sœurs ?

– Une sœur, oui. Elle est internée avec ma mère.

– Ah…

Sa vie sent le drame et la solitude. J'apprends, à mesure que nous roulons, que c'est sa grand-mère paternelle qui a manigancé l'internement de sa bru et de sa petite-fille au décès de son fils. Elle n'a gardé auprès d'elle que Julien, dont le physique était précieux pour le travail à la ferme. Élevé à la dure, sans amour ni tendresse, il a commencé à trimer très jeune dans les champs et au cul des vaches. Il a dû quitter l'école après son certificat d'études. Dans le choix de ses mots, la façon qu'il a de raconter sa jeunesse d'Oliver Twist du Gévaudan, je détecte une grande sensibilité et de l'intelligence.

Depuis son retour du service militaire, il habite seul et vit de sa force de travail qu'il loue à qui en a besoin, au jour le jour. Tantôt bûcheron, débardeur, vacher… Il est devenu un homme à tout faire, mais s'il avait pu poursuivre des études, il aurait aimé devenir instituteur. De son passé d'écolier, il garde le goût de la lecture. Je reçois ses confidences, faites simplement, tranquillement, comme un gage de confiance. Un climat de respect mutuel règne dans la voiture. Sa présence est à la fois une sécurité et un réconfort pour moi. À l'issue de ma dernière visite, il n'est pas loin de dix-neuf heures. En rentrant dans la voiture, je lui dis :

– Voilà, on peut y aller. Il va sans dire que j'ai prévu de vous garder à dîner.

Au cours des longs hivers que nous traverserons ainsi ensemble, c'est tout ce qu'il acceptera de moi : pas d'argent, mais le couvert assuré les jours où il m'accompagnera.

Lorsque nous arrivons chez moi, il flotte dans la maison un délicieux parfum de daube. Je fais passer Julien dans la salle à manger où la table est dressée comme j'en ai l'habitude et comme j'aime qu'elle le soit : une nappe impeccable, de fines assiettes plates pour le plat de résistance, creuses pour le potage, des couverts rutilants, avec couteau à fromage et fourchette à dessert au pied des verres. Julien marque un temps d'arrêt sur le seuil qui me fait penser qu'on ne l'a jamais reçu nulle part comme ça.

À peine la dernière bouchée de tarte avalée que le téléphone sonne.

Une visite, à vingt-cinq kilomètres, de nuit, alors que le verglas tombe… Comme je suis heureux que Julien soit là !

Nous voilà donc repartis dans le froid, réchauffés et revigorés par notre excellent repas.

Julien connaît bien l'endroit où nous allons. Un hameau pas loin de la frontière avec la Lozère. Il conduit prudemment. Nous trouvons facilement la maison où l'on nous a fixé rendez-vous. Ce n'est pas celle de la patiente que je viens voir, mais celle où je vais trouver la personne qui a téléphoné et qui va me conduire jusqu'à elle.

Julien gare la Peugeot dans la cour où la neige a été grossièrement déblayée et nous entrons dans une cuisine où quatre personnes nous attendent, assises à une table où se termine manifestement une partie de belote. La femme de la maison nous accueille en nous présentant les convives : son mari, Cyprien, son beau-frère et deux voisins.

– Un verre de vin, un café avant que Cyprien vous conduise chez la mère Masneuf ?

J'opte pour un café, qui chauffe sans doute depuis une bonne partie de la journée sur le coin de la cuisinière à charbon et que je bois rapidement, debout. Julien prend la chaise que lui laisse Cyprien et je repars dans la nuit, à pied, derrière mon guide équipé d'une torche. Pas de lune ni d'étoiles, juste une chape épaisse de nuages au-dessus de nos têtes. Il fait maintenant trop froid pour que la neige tombe.

Après environ deux cents mètres sur la route, Cyprien prend la tangente et coupe à travers un champ en pente douce complètement enneigé. Aucun repère dans cette mer de poudreuse, mais Cyprien semble savoir où il met les pieds et m'aide à garder mon équilibre. Après environ deux kilomètres, nous arrivons au creux de ce qui me paraît être une combe. Dans les ténèbres je distingue bientôt une lumière, puis les contours d'une maison ou plutôt d'une masure.

Un homme d'une cinquantaine d'années nous accueille. La pièce principale est petite et misérable, chauffée par une cheminée qui refoule une fumée âcre. Une radio crachote quelque part. Il me conduit dans la pièce à côté où je trouve sa mère couchée, tout habillée, dans son lit. Elle transpire, grelotte et me fixe de ses yeux noirs brillants de fièvre… Elle dégage une odeur rance et doucereuse qui me fait dire qu'elle doit être quelque peu fâchée avec la savonnette. Qu'à cela ne tienne, je procède à l'examen.

C'est une pneumopathie infectieuse. Assis sur une chaise dans la cuisine, j'évite la table encombrée de vaisselle sale et des reliefs de différents repas et rédige mon ordonnance sur mes genoux, pendant que Cyprien et notre hôte discutent en patois. Je ne suis pas sûr que ces pauvres gens vont pouvoir aller à la pharmacie dès le lendemain et, comme la fièvre est forte, je laisse au fils de quoi la faire tomber. On se dit adieu d'une poignée de main ferme et chaleureuse.

Il faut maintenant refaire les deux kilomètres en sens inverse, en remontant la pente par laquelle nous étions descendus. Bien que lesté d'un bon quintal et engoncé dans une grosse veste en laine, Cyprien avance sans difficulté, comme quelqu'un qui a l'habitude des efforts physiques. Ce n'est pas mon cas, et je m'essouffle pour ne pas me laisser trop distancer.

En sueur et en même temps frigorifié, je retrouve Julien au chaud dans la cuisine de Cyprien. Il tape le carton à la place où je l'avais laissé. Les voisins ont dû rentrer chez eux entre-temps, il ne reste que la femme de Cyprien et son beau-frère. Il n'est pas loin de vingt-trois heures quand nous repartons. J'espère arriver à la maison vers minuit et propose à Julien de l'héberger pour la nuit. Nous roulons en silence maintenant, Julien concentré sur sa conduite, de plus en plus difficile. La chaussée est vraiment glissante par endroits et ma Peugeot a tendance à patiner. Une côte plus accentuée qu'une autre nous met bientôt sur le reculoir. Julien tire le frein à main, se tourne vers moi et me dit :

– Je descends et vous, vous prenez le volant.

Je le vois dans mon rétroviseur passer derrière la voiture et, d'un seul coup, la voiture bascule vers l'avant. Julien est en train de soulever l'arrière à la force de ses bras, permettant ainsi une meilleure adhérence des roues avant. Ce type m'épate ! Je l'entends crier dans la foulée :

– Allez-y, docteur, démarrez doucement, doucement.

Nous avons ainsi progressé à vitesse minimale sur plus d'un kilomètre. Cela me paraît incroyable quand j'y repense aujourd'hui ! Puis Julien est revenu prendre le volant. Je le regarde s'installer comme si de rien n'était, les joues tout juste rougies par la température qui ne cesse de dégringoler et l'effort. Nous atteignons un plateau au moment même où la burle se réveille. La burle, c'est le blizzard d'ici, un mélange de neige rageuse et de vent tranchant. Impossible de voir quoi que ce soit, impossible d'avancer. Impossible de rester dans la Peugeot au risque de mourir gelés.

– Docteur, on va laisser la voiture ici. On n'est pas loin de la Vachellerie. On y trouvera de l'aide...

Luttant contre les éléments, nous progressons à petits pas. Il fait tellement froid que je sens les semelles de mes chaussures durcir, comme si elles étaient en train de congeler. Arrivés à la première ferme, Julien frappe vigoureusement à la porte. Il est une heure du matin... Une lumière s'allume à l'étage et, moins de quinze secondes plus tard, la porte s'ouvre sur un gaillard aux cheveux hirsutes, les yeux noisette, tout engourdi de sommeil. Il reconnaît Julien et nous fait entrer immédiatement. Je laisse mon pilote expliquer la situation moitié en patois, moitié en français. Jean-Baptiste, c'est ainsi que notre sauveur s'appelle, enfile ses bottes, attrape une grosse veste et les clés de son tracteur.

– Suivez-moi, faut que j'aille chercher les chaînes...

On marche en direction du hangar de l'autre côté de la maison où Jean-Baptiste garde un bric-à-brac d'outils de toute sorte et son Massey Ferguson puis, juchés sur son engin qui râle dans la nuit, nous retournons à mon véhicule. Le temps d'installer les chaînes et nous revoilà partis pour la maison que nous atteignons – enfin – sur les coups de deux heures et demie du matin.

Quelle nuit…

Nous en vivrons tant d'autres comme ça avec Julien. L'hiver dans cette partie de la Haute-Loire n'est pas du genre à passer son tour et il vient toujours accompagné de la neige. Il y aura quelques années particulièrement dures, avec des températures dignes du Grand Nord canadien. Celui de 1970-1971, comme prévu, sera long, pratiquement sept mois, et particulièrement froid. Julien acceptera de se mettre à ma disposition chaque fois que je le lui demanderai. Il me retrouvera parfois à l'heure du déjeuner, parfois juste pour partir en tournée. Sa présence, minérale, égale, puissante aura toujours un effet apaisant sur moi.

Il est mort au tout début des années 2000. Un 15 août. Il avait cinquante-quatre ans.

J'en ai eu beaucoup de peine. Je l'aimais bien.

Nous ne nous voyions que les hivers pourtant. Nous n'étions ni amis ni complices, mais nous nous appréciions assez pour nous accepter mutuellement, avec notre caractère et nos différences.

C'était ce qu'on appelle un homme naturellement bon, et un contraste vivant, à la fois rustre, rude, mais aussi capable d'une très grande finesse et de subtilité. Il ne me parlait pas beaucoup de ce qu'il faisait par ailleurs. En revanche, grâce à lui, qui fréquentait les endroits stratégiques – les bistrots – où s'échangent les informations cruciales sur les gens, j'appris sur mes concitoyens toutes sortes de choses fort utiles pour le médecin que j'étais ; il y a des histoires de famille qu'il est préférable de connaître si l'on veut ne pas commettre d'impair.

C'était un homme de peu de mots, mais de bon conseil quand je le sollicitais. Lorsque je lui annoncerai, un jour, mon intention de me présenter à la mairie, il ne me dira qu'une chose, que je garderai toujours en tête : « Quoi qu'il arrive, n'abandonnez jamais le cabinet… La politique ne mène à rien. Vous ne savez pas ce que c'est. »

Avec le temps, il s'ouvrit davantage à moi. Il me parlait souvent de sa mère, mais surtout de sa sœur qu'il espérait un jour faire sortir de son asile psychiatrique. Il jugeait son internement abusif. J'étais résolu à l'aider mais ne serais en mesure de le faire qu'à partir du moment où je serais élu au conseil général.

Julien retrouverait donc sa sœur à la fin des années quatre-vingt. La condition à sa libération était qu'elle se soumette à un suivi psychologique régulier. Ce qu'elle accepta sans problème, même si elle était loin d'être folle et encore moins idiote. À force de volonté, elle a fini par faire son chemin. Après avoir réussi un concours de l'administration fiscale, elle a obtenu un poste à la perception de

Saint-Étienne. Je crois que voir sa sœur vivre une existence libre, autonome, fut le plus grand bonheur de Julien.

Lui est toujours resté ce grand solitaire, vivant au jour le jour, sur lequel, pendant plus de trente ans, j'ai toujours pu compter pour être mon « neige gardien ». Et je garde dans ma voiture un peu de terre de sa tombe que je n'oublie pas de renouveler lorsque je vais à Saugues…

6

Pourquoi ?

Comme d'habitude, ma salle d'attente est pleine. Il n'est pas neuf heures du matin. Ça ne va pas s'arranger. C'est vendredi, jour de la foire aux bestiaux à Saugues, donc jour d'affluence. Par expérience, je sais que je vais sans doute en avoir encore pour quatre ou cinq heures de consultations. Ce sera sandwich au déjeuner, si je ne veux pas perdre trop de temps avant d'enchaîner avec les visites de l'après-midi.

Bon, patient suivant…

– M. Chapel, bonjour ! Entrez…

Je vois la fièvre dans ses yeux. Je serre la main qu'il me tend, amorphe, moite, presque brûlante dans la mienne. Je remarque qu'il a du mal à plier sa haute stature de bûcheron pour s'asseoir face à moi.

– Docteur, c'est encore cette fièvre et puis j'ai bien mal partout… Le dos, les épaules, les jambes. C'est pire que la dernière fois.

M. Chapel était en effet venu me voir il y a de ça deux ou trois mois avec les mêmes symptômes. Je l'avais déjà reçu pour les mêmes raisons l'année précédente. Je n'aime pas ce phénomène de répétition. J'ai pensé à une grippe sévère la première fois. Et puis j'ai mis la récurrence de cette fièvre et de ces douleurs articulaires sur le compte d'un manque de sérieux dans le suivi du traitement.

Je les connais, mes paysans. Ils ont tendance à penser qu'une fois qu'ils m'ont vu ils sont déjà à moitié guéris. Du coup, ils ne prennent qu'à moitié leurs médicaments. Je dois parfois aller jusqu'à les menacer de passer aux piqûres, lorsque je me rends compte qu'ils ne suivent pas correctement mes prescriptions. Les injections, ils n'aiment pas ça. Peur des aiguilles, même chez les grands costauds. Et puis il faut faire venir l'infirmière, c'est contraignant. Seulement, pour m'assurer que le traitement est bien administré sur la durée et aux doses nécessaires, il ne me reste parfois que cette solution.

Mais là, je dois envisager que, derrière les symptômes de M. Chapel, quelque chose m'ait échappé. Mon patient a mal, il n'attend qu'une chose : que ça s'arrête. Son état affecte son quotidien, son travail et son moral. Il veut retrouver sa mobilité, son énergie, il en a besoin.

Je l'interroge longuement. La fatigue persistante qu'il me décrit, les douleurs toujours plus intenses à chaque nouvelle fièvre me conduisent à demander une sérologie. Je lui fais moi-même, immédiatement, la prise de sang.

Le résultat me revient le lundi après-midi. M. Chapel a la brucellose, aussi connue sous le nom de fièvre de Malte. C'est la première fois que j'ai affaire à elle, mais j'avais entendu parler de cette maladie infectieuse à la faculté de médecine. C'est une maladie qu'on peut presque qualifier de « professionnelle » ; elle touche les éleveurs, les vétérinaires, tous ceux qui sont en contact étroit avec du bétail. On m'avait exposé le cas d'un vétérinaire qui l'avait contractée lors d'un vêlage, après avoir mis la main dans l'utérus d'une vache pour aller y chercher le veau. Mais on peut aussi être contaminé en buvant le lait ou en mangeant du fromage fait avec du lait d'une bête porteuse de la brucella.

Chez l'homme, la maladie se manifeste par une forte fièvre et des douleurs articulaires qui font d'abord penser à une grippe. Cela passe et puis, quelques mois plus tard, cela revient. À chaque épisode, la fièvre est plus forte, les douleurs plus intenses. Entre, le patient accuse une fatigue de plus en plus sévère. Si le mal n'est pas correctement diagnostiqué et soigné, la brucella peut se fixer dans les os et ses symptômes devenir très handicapants. Je me rappelle avoir assisté à une intervention chirurgicale sur un jeune agriculteur contaminé par la brucella. Celle-ci s'était fixée sur une vertèbre lombaire et l'avait en partie détruite. Plus tôt la fièvre de Malte est dépistée, mieux c'est. Un simple traitement antibiotique suffit alors.

M. Chapel a été pour moi un signal d'alerte. Après lui, j'ai systématiquement fait faire des prises de sang aux patients qui venaient chez moi avec une forte fièvre et des douleurs articulaires sévères. Surtout s'ils étaient éleveurs. Dans le canton, il y aura des pics épidémiques à plusieurs reprises jusque dans les années quatre-vingt. Le phénomène ne sera enrayé qu'avec la numérotation obligatoire des bêtes et grâce à l'instauration d'un dépistage sanguin régulier des troupeaux.

Quant à moi, j'ai fini par faire attention aux fromages qu'on m'offrait parfois en cadeau. J'avoue que je ne les mangeais pas si j'avais un doute...

J'ai eu cette chance, d'ailleurs, de n'avoir jamais été malade une seule fois tout au long de ma carrière. À part une fracture mineure au poignet et quelques points de suture au visage après un accident de voiture, je n'ai jamais rien eu. Ce n'est pourtant pas faute d'avoir fréquenté des microbes en tout genre ! Bien sûr, au premier signe d'un rhume, je savais quoi prendre, mais quand même.

J'aurais pu me trouver aux prises avec des pathologies bien plus sérieuses. De celles qu'on n'anticipe pas. Il faut croire que je suis né sous une bonne étoile ou que j'ai une bonne nature, ou de bons gènes, car j'ai toujours été épargné. Cette bonne santé m'a permis d'être particulièrement disponible et surtout de façon quasi permanente.

Cette idée que j'étais toujours là, toujours prêt à intervenir, vingt-quatre heures sur vingt-quatre, a sans aucun doute contribué à établir ma réputation dans le canton. C'était l'une des raisons du succès de mon cabinet. Les gens ont aussi vite compris qu'ils pouvaient me faire confiance pour ne rien laisser au hasard. Quand un patient vient me consulter parce qu'il tousse, je ne me contente pas de lui faire ouvrir la bouche afin de jeter un coup d'œil à la gorge avant de lui prescrire un sirop. Ce qui m'intéresse, ce qui m'a toujours passionné, obsédé, ce n'est pas de simplement traiter les symptômes mais d'en cerner les origines. Chercher la cause. Comprendre pourquoi.

Pourquoi ? La question centrale de toute ma vie.

Par exemple, pourquoi cet homme de presque cinquante ans, au physique d'haltérophile, qui se tord de douleur par terre au pied de son lit à trois heures du matin, fait des coliques néphrétiques à répétition ? Sa femme m'a appelé, affolée.

J'ai sauté dans mon costume, toujours à portée de main, sur le valet près de mon lit (chaque pièce de vêtement disposée dans l'ordre strict où je les enfile), et j'ai accouru dans la nuit. Après avoir fait au pauvre homme une injection d'un antispasmodique pour le soulager, me voilà le nez au-dessus de son pot de chambre, observant ce qui se passe sur le labstix que je viens d'y plonger. Ce que j'y vois me conduit à demander à madame de recueillir des échantillons d'urine. J'ai en effet relevé la présence de microcalculs ; je souhaite les faire analyser le plus vite possible afin de connaître exactement leur nature pour décider du traitement.

Le plus souvent, les gens font des calculs d'acide urique en raison d'un excès de consommation de viande. Mais ce monsieur souffre de calculs d'acide oxalique, plus rares et sans aucun doute les plus douloureux qui soient, en raison de leur forme.

Pas question de prescrire quoi que ce soit sans savoir pourquoi il est sujet à ce genre de coliques. Donc, au cours de la consultation qui suit le résultat des examens, je lui pose des questions sur ses habitudes alimentaires. J'apprends ainsi qu'il petit-déjeune chaque matin, une fois la traite des vaches accomplie, vers sept heures et demie, de jambon ou de fromage, de pain beurré et… d'un tiers d'une tablette de chocolat avec son café. Une routine qui dure depuis qu'il a quinze ans... Or le chocolat est très riche en oxalates. Par effet d'accumulation, au bout de presque quarante ans de ce régime, il était le candidat idéal pour ce type de calculs. La première de mes prescriptions a été de lui demander d'arrêter le chocolat et de boire de l'eau.

Je crois que rien ne me rend plus heureux que cet instant où je sais que la solution est trouvée, où je peux me dire : « C'est bon, mon patient va guérir, reprendre le cours d'une vie sans peine, ni douleur. » J'ai l'impression de réparer une injustice. Parce que la maladie en est une, aveugle et scélérate. Je me sens alors à la fois utile et comblé, comme est comblé quiconque a le sentiment d'avoir rempli son devoir. Le mien ne se résume pas seulement à soulager celui qui va mal. Soigner ne se réduit pas à cela. C'est aussi montrer à l'individu malade que sa souffrance est prise au sérieux, que quelqu'un est là pour la prendre en charge. Chaque acte que j'ai pu faire au long de ma carrière a compté et m'a marqué. Je reçois chaque patient en ayant à l'esprit ceux qui l'ont précédé. Jamais un cas n'en a chassé un autre. Mon esprit est là, dans l'instant présent, mais il est aussi animé d'une vie parallèle et continue de penser à ceux pour qui le problème n'est pas encore résolu. Je n'oublie rien ni personne. Cela fait partie de la responsabilité qui m'incombe.

Chaque matin à huit heures, lorsque j'ouvre la porte de mon bureau et que je découvre la salle d'attente, je sais que statistiquement, sur les dix ou quinze personnes qui patientent déjà, il y a un cas vraiment sérieux. Alors, pas question de passer à côté en expédiant une seule consultation. Celle-ci commence souvent à l'insu de mon patient, avant même que la première question ne soit posée. L'art du diagnostic, c'est l'art d'avoir l'œil. Comment bouge la personne ? Ses yeux que je croise en la saluant sont-ils un peu trop jaunes ? Que me dit la peau de son visage, de sa main que je serre ? Y a-t-il quelque chose de bizarre dans la façon dont son thorax – que je découvre lorsque les gens se déshabillent (car je fais systématiquement déshabiller mes visiteurs) – se gonfle et se dégonfle sous l'effet de la respiration ?

Je suis à l'affût de tout. C'est devenu une seconde nature.

De tous mes stages à l'hôpital, c'est celui effectué en dermatologie qui m'a le plus marqué. On peut détecter un nombre impressionnant de pathologies rien que par l'observation de la peau. Une coloration anormalement rosée des paupières est un signe qu'il faut enregistrer car si, lors de l'interrogatoire, le patient se plaint de douleurs articulaires, d'une fatigue chronique et d'une perte de poids, il y a – peut-être – un risque qu'il souffre de sclérodermie, une maladie du système immunitaire. C'est ainsi que j'ai pu diagnostiquer l'une de mes collègues du conseil général. Elle était traitée depuis des années par anti-inflammatoires pour ce qu'elle pensait être des rhumatismes !

Je suis du genre systématique et méticuleux dans mon examen clinique. Je ne manque jamais d'inspecter le conduit auditif, de vérifier s'il y a des ganglions, si l'abdomen est souple, d'ausculter les bronches, à la recherche du murmure vésiculaire, ou d'écouter le souffle carotidien et les bruits du cœur.

Personne ne repart de chez moi sans avoir ouvert la bouche, tiré la langue et fait « ahahaha ». C'est une étape qui n'a l'air de rien pour les malades mais qui est cruciale pour le praticien.

Ainsi, chez une autre patiente, qui se plaignait d'un problème de déglutition, j'ai immédiatement suspecté une dermatite bulleuse spongiforme rien qu'à la vue de la muqueuse de sa bouche. Les lésions que j'y ai relevées ne laissaient aucun doute. Observer la cavité buccale permet de diagnostiquer parfois des maladies bien plus graves. La présence d'un hématome au niveau du voile du palais est par exemple un indice fondamental qui peut suggérer une leucémie.

Cette rigueur, que j'ai toujours respectée dans l'observation des étapes de l'examen clinique, me vient de ma formation. Je me souviens que le fameux professeur Bernier allait jusqu'à demander à l'impétrant interne que j'étais si j'avais bien regardé jusqu'à l'arrière des gencives du patient. Il exigeait que je note scrupuleusement tout, absolument tout, ce que j'avais constaté… « Notez, notez, monsieur Vieilledent, notez aussi s'il n'y a rien. »

Poser un diagnostic consiste ensuite à croiser ces observations avec ce que dit le malade et avec ce que je connais des symptômes de telle ou telle pathologie. À quelle maladie correspondent les éléments que j'entends et que je vois ? Qu'est-ce qui colle et ne colle pas ? Comme dans une enquête policière, le moindre indice peut avoir son importance. Le diagnostic est un cheminement intellectuel passionnant. Il tient à la fois du raisonnement logique, de l'esprit de déduction et de l'intuition.

Parfois, quand il reste une inconnue, un défaut d'information, la solution, pour démêler l'énigme, est de procéder à des examens complémentaires. Et je n'hésite pas à y recourir ! De la simple prise de sang à la ponction pleurale ou lombaire, en passant par les prélèvements amygdaliens, voire même des ponctions sternales, je fais en général moi-même les prélèvements nécessaires. Je suis équipé également pour procéder, dans mon cabinet ou à domicile, à des électrocardiogrammes. Cela évite que les gens fassent quarante-cinq kilomètres pour aller au Puy. C'est un gain de temps pour le patient, une chance supplémentaire que je me donne de court-circuiter la maladie. Il faut croire que ma façon de faire est assez inédite dans la région car, souvent, on me dit qu'on n'a jamais vu un médecin faire tout ça.

L'interrogatoire des patients, l'écoute sont deux étapes incontournables pour poser un diagnostic. Il faut être très attentif à ce qu'ils disent, mais aussi entendre ce qu'ils ne disent pas, ce qu'ils dissimulent par distraction, par peur (la peur d'évoquer un élément dont ils imaginent qu'il pourrait être aggravant, par exemple) ou par pudeur.

Je me rappelle cette charmante mère de famille venue à mon cabinet en plein été. Une petite femme blonde et ronde qui m'a décrit un état fébrile, des douleurs articulaires et une perte d'appétit. Comme d'habitude, je l'ai fait déshabiller et elle s'est allongée sur la table d'examen.

– Veuillez vous mettre sur le ventre, s'il vous plaît...

J'avais noté, pendant qu'elle retirait ses vêtements, une tache sur la peau, au niveau des lombaires, bien trop rosée pour être honnête, et j'ai voulu voir ça immédiatement... Une piqûre de tique. Comment a-t-elle pu se retrouver à cet endroit-là ? C'est important que je sache ce qui s'est passé. Je lui demande ce qu'elle a fait durant le week-end précédent. Samedi, puis dimanche…

– Rien de particulier, docteur. La messe le matin et, après le déjeuner, j'ai fait un peu de jardinage…

– Ah ? Vous avez une piqûre au bas du dos, chère madame. Il n'y a qu'une tique pour faire ce genre de marques. C'est étonnant qu'elle ait pu vous piquer là…

– Oh, eh bien, en fait, docteur, il faisait si chaud que, vous comprenez, pour être plus à l'aise… enfin, heu, j'ai retiré mon chemisier.

Elle avait des scrupules à avouer à son médecin qu'elle avait jardiné en soutien-gorge. Sa gêne était touchante.

– Je vais vous faire une prise de sang, chère madame…

J'ai demandé au laboratoire une sérologie standard, comme je le fais toujours : NFS, plaquettes etc., et puis, bien sûr, le test de la maladie de Lyme qui m'est revenu positif. C'est une maladie infectieuse pernicieuse, qui peut avoir des conséquences graves. Transmise par les tiques, elle est plutôt courante en milieu rural, notamment dans les régions giboyeuses telles que la Margeride. Elle atteint le système nerveux et les articulations. Si on ne la traite pas, elle peut conduire à des complications neurologiques majeures. L'ablation de tiques nous était devenu une pratique courante à toute heure du jour et même de la nuit.

Je connaîtrai une épidémie juste avant de partir à la retraite en 2012. La faute à la prolifération des cervidés dans le secteur. Un arrêté préfectoral n'en autorisait qu'une chasse limitée depuis quelques années. Or ces grands animaux sont porteurs d'un micro-organisme qui infecte les tiques qui, à leur tour, peuvent infecter les humains sur lesquels elles sont susceptibles de se fixer. Les plus exposés : les chasseurs, les promeneurs en forêt, les cueilleurs de champignons et aussi, parfois, les dames qui ont un jardin en bordure des bois.

En 1973, après cinq ans de pratique, je commence à bien connaître l'environnement dans lequel mes patients évoluent. Leur quotidien m'est désormais familier. C'est un avantage considérable dans ma pratique. Je commence aussi à connaître un peu plus les gens, et même à entrer dans l'intimité de certaines familles. De vrais liens d'amitié, d'affection même, se tissent. Avec le temps, ils iront en se resserrant.

C'est à cette époque que j'ai fait la connaissance de la famille Portal.

Le père, la mère et leurs deux filles vivent à une douzaine de kilomètres de Saugues, dans un petit hameau replié autour d'une combe verdoyante. Juste une poignée de maisons en pierre de granit, d'un gris sombre et légèrement scintillant quand le soleil s'y attarde. Le décor est austère, mais l'ambiance est chaleureuse dans cet îlot perdu au milieu des pâturages.

J'y rencontre des familles d'éleveurs qui ne vivent que grâce à leurs bêtes, des vaches et des brebis. Le quotidien est plutôt chiche, mais chacun sait qu'il peut compter sur les voisins. Ici, s'aider et s'entraider est aussi naturel que boire ou respirer et on n'hésite pas à se prêter la main en toutes occasions : panne de voiture, manque de bras pour moissonner, rentrer les foins, ou autres coups durs… La plupart des chefs de famille ont à peu près mon âge, autour de la trentaine. Ils sont mariés, pères, et ils doivent faire bouillir la marmite, mais surtout ils cultivent un art que je ne possède pas : l'allégresse, envers et contre tout. Une bande de joyeux drilles en somme, dont fait partie Jean Portal.

Brun, carré, mais visage rond, tanné par le vent des hivers trop froids et le soleil des étés trop chauds, il habite, avec sa femme et ses enfants, chez ses beaux-parents. Leur petite maison, à l'entrée du lieu-dit, ne comporte que trois modestes chambres et une grande cuisine-salle commune accolée à l'étable. L'intérieur est digne d'un roman de Balzac : murs tristes et nus, plancher éventré par endroits. Tout respire une vie de labeur. Ici, rien n'est jamais donné. La famille Portal vit de l'élevage d'un petit cheptel d'une trentaine de vaches et d'environ deux cents brebis. Comme pour beaucoup de paysans de la région, chaque jour est une bataille pour joindre les deux bouts. Malgré tout, il se dégage de cet endroit, de cette famille, une chaleur quasi magnétique.

Dès ma première visite, je me sens comme chez moi. Je suis venu pour leur fille aînée. Elle a ce qu'on appelle communément ici un « inderm », en fait une affection mycosique cutanée. La petite a l'habitude de s'occuper des veaux et elle a attrapé ce champignon en effectuant ses corvées auprès des bêtes. Rien de grave. Jean me propose évidemment de « boire un canon ». Je décline l'offre, comme je le fais systématiquement, mais il n'a pas l'intention de me laisser partir comme ça. Sa gentillesse, sa belle jovialité font en sorte que je ne refuse pas le verre d'eau qu'il me propose à la place du ratafia. Il dégage quelque chose de solaire qui rend notre première conversation simple, légère, fluide. J'observe ce père qui manifeste une belle tendresse pour ses filles. Il forme avec son épouse un couple de toute évidence uni et complice.

Elle est petite et aussi brune que lui, avec les joues rosées et, comme la majorité des femmes d'agriculteurs de cette époque, elle travaille elle aussi à la ferme. Contrairement à ce qui se passe aujourd'hui pour les épouses qui ont souvent un emploi en dehors de l'exploitation, qui doivent se lever tôt pour embaucher et qui ne rentrent que pour l'heure du dîner, la femme de Jean, elle, voit grandir ses enfants. Sans rien manquer. Elle ne connaît ni le stress ni la culpabilité de bien de ses pareilles. Certes, elle n'a pas de statut économique et social, certes, elle ne rapporte pas de salaire – ce qui aurait sans doute amélioré les finances du couple –, mais, avec Jean, ils jouissent ensemble d'un autre genre de richesse : celle d'être au plus près des êtres qui les aiment le plus et qui ont le plus besoin d'eux.

Cette famille forme une tribu accueillante, bienveillante que je ne suis pas pressé de quitter alors qu'une autre visite m'attend. Je profite de cet instant volé à ma routine. J'écoute cet homme me parler avec bon sens de la vie comme elle va, sans chichi. Je suis face à un homme qui n'est qu'amour pour sa condition bien que modeste, pour sa terre pourtant ingrate, pour son travail malgré sa rudesse.

Un homme libre.

Il fait partie de ces natures qui prennent tout bien, qui ont ce pouvoir quasi surnaturel de se débarrasser des contrariétés d'un simple haussement d'épaules. Chez Jean, rien n'est jamais grave, rien n'est jamais un problème. L'important pour lui, c'est qu'il y ait assez à boire et à manger pour les siens, et la santé. Le reste est accessoire. Je viendrai souvent le voir juste pour le plaisir de partager un instant avec lui et profiter de l'énergie de son clan. J'accoucherai sa femme de deux autres filles et, en 1977, d'un garçon.

Ils l'avaient tant attendu, tant espéré ce fils ! Sa femme me confiera peu après sa naissance qu'elle était sûre que j'étais – indirectement, évidemment – pour quelque chose dans ce « miracle ». Pendant que je la suivais dans sa grossesse, elle avait eu cette certitude que je leur porterais chance... C'est fou ce que les patients peuvent projeter sur leur médecin !

Je crois que, si Jean m'a autant touché, si j'ai eu autant de bonheur à le fréquenter, c'est que j'ai vu en lui un formidable père. Lui et moi étions de la même génération, et pourtant... J'ai toujours vu en lui le père idéal pour tout enfant. À la différence du mien, que j'ai toujours aimé et profondément respecté, mais qui était plutôt strict et toujours très exigeant avec nous, ses quatre fils dont il attendait beaucoup, Jean, lui, n'a jamais attendu autre chose de ses enfants qu'un sourire, un rire, une preuve simple, instantanée lorsqu'il posait les yeux sur eux, de ce qu'ils étaient heureux.

À peu près à la même époque, j'ai fait la connaissance d'un éleveur assez prospère, installé du côté de Venteuges, qui est venu me consulter un jour de foire pour un petit problème de santé mineur. Avenant, bonhomme, les yeux pétillants, il a la rondeur du bon vivant. Il y a des gens comme ça avec qui, d'entrée, vous vous sentez en affinité. C'est ce qui s'est passé ce jour-là avec Bernard.

À partir de là, nous nous fréquenterons de loin en loin, toujours avec beaucoup de sympathie, et puis de plus en plus, notamment au moment où son couple commencera à se déliter, à la fin des années quatre-vingt, pour finir par un divorce au début des années quatre-vingt-dix. Au cours de cette période, je deviendrai son confident privilégié, il deviendra le mien. Bernard aura ce pouvoir unique de me faire du bien.

Nous sommes pourtant l'antithèse l'un de l'autre. Autant, moi, je me passionne pour tous ceux qui vont mal, pour tout ce qui dysfonctionne, autant lui a le goût absolu du positif et de la vie dans ce qu'elle a de plus simple. C'est un philosophe de l'instant et du *carpe diem*. Le seul qui me fera comprendre qu'au fond c'est peut-être moi le malade, l'anormal, celui qui, à toujours se coltiner la souffrance des autres, marche sur une jambe dans la vie, alors que celle-ci peut offrir tant de bonheur à qui sait reconnaître et glaner les petits bonheurs de chaque jour.

Pourquoi ?

En faisant entrer dans mon cabinet, ce jour de foire, cet homme solide, terrien, qui fleurait l'air frais et le foin, je pensais serrer la main à un patient ; en réalité, je venais de rencontrer celui qui durant les quarante prochaines années allait être mon seul, mon unique médecin.

7

Yvonne

Chaque année, le premier dimanche suivant le 15 août, a lieu le pèlerinage de Saint-Roch. Sur le plateau de la Margeride, c'est un événement. On afflue en famille de toute la région vers Lajo, un hameau pierreux accroché au flanc arrondi d'une grosse verrue de granit près de Saint-Chély-d'Apché.

Le dimanche 19 août 1973, un soleil exubérant liquéfie l'air autour des valeureux fidèles qui montent vers la chapelle pour assister à la messe. Parmi eux, la personne que j'emploie depuis un an pour s'occuper de mon intérieur. Durant l'ascension, elle va se faire une vilaine blessure à la cheville. Les examens pratiqués un peu plus tard à l'hôpital, indiquent qu'elle risque d'être handicapée pendant quelque temps. Elle a déjà un certain âge… Ces deux raisons la conduisent à me donner, dans les jours qui suivent, son congé pour la fin du mois.

C'est une perte pour moi car, après avoir déjà embauché deux autres personnes avant elle qui n'avaient pas convenu, j'avais enfin trouvé une employée compétente. Une femme du pays, jamais mariée, dont les expressions pittoresques, mâtinées de patois, faisaient la joie de mon père chaque fois que, en compagnie de ma mère, il venait passer quelques jours à Saugues.

Bref, il me faut chercher quelqu'un pour la remplacer.

Une fois encore, Rémy, à qui je dis tout, le futile et l'essentiel, le bon comme le moins bon, m'a aidé en me donnant un nom : celui d'Yvonne M. Cette jeune fille d'une vingtaine d'années vient tout juste de quitter un poste de gouvernante auprès d'un couple d'instituteurs qui habitent du côté de Langeac, et que, d'ailleurs, je connais, les ayant vus occasionnellement en consultation. Elle est demeurée chez eux deux ou trois ans. Le mari et son épouse travaillant chacun à un bout du département, elle s'est occupée à plein temps de leurs deux jeunes enfants et de la maison. Mais ses patrons ont obtenu une mutation au-delà des frontières de l'Auvergne pour la rentrée de septembre, ce qui met de fait Yvonne au chômage.

Elle est donc retournée vivre chez ses parents. Rémy m'a donné son numéro de téléphone. Nous avons convenu de nous rencontrer le lundi 27 août, en tout début d'après-midi, à Vazeilles, son village, à une dizaine de minutes de Saugues.

La matinée a été calme mais, alors que je m'apprête à déjeuner tôt, pour une fois, le téléphone sonne. Le combiné dans une main, un morceau de côte d'agneau piqué sur ma fourchette dans l'autre, j'écoute la voix affolée d'une mère qui me dit que sa fille de dix-sept ans a très mal au ventre. Elle pense qu'elle fait une crise d'appendicite. Je raccroche, avale mon bout de viande et me dépêche de prendre la route. Juste cinq kilomètres à faire. C'est la maman qui m'accueille et me fait passer dans la chambre de sa fille, allongée sous une couverture, alors que la journée est si chaude. Dans son regard, je ne lis pas de la douleur mais de la panique. Je demande à rester seul avec elle…

Il me suffit de très peu de temps pour comprendre ce qui se passe : cette gamine est enceinte et elle fait l'expérience des premières contractions. Ses parents ne sont pas au courant, me dit-elle les larmes aux yeux. Elle n'est pas bien épaisse et n'a pas le ventre rebondi d'une grossesse à terme, mais quand même ! Comment a-t-elle réussi à cacher son état à ses parents ? Je ne peux qu'imaginer les mois de solitude qu'elle a traversés, la peur grandissante à l'approche de la délivrance…

Cette pauvre enfant a dû passer des moments difficiles à porter le poids de son secret. Est-ce que les parents n'ont pas voulu voir ? Une fille mère, c'était encore mal vu à l'époque. Une honte pour la famille... Surtout dans cette campagne très catholique, très pudique, très refermée sur elle-même. Non, cela n'a pas dû être facile tous les jours pour cette enfant... Je ne saurais décrire le choc des parents lorsque je leur annoncerai la nouvelle.

Sans laisser à personne le temps de réfléchir à quoi que ce soit, je décide de faire venir une ambulance pour conduire la petite à l'hôpital du Puy-en-Velay. D'abord parce que cette grossesse n'a fait l'objet d'aucun suivi médical et puis j'ai pensé qu'éviter à la future maman un accouchement à la maternité de Saugues les préserverait, elle et sa famille, des cancans, au moins pendant un temps... Peine perdue ! La nouvelle sera connue dès le lendemain. Le chauffeur de l'ambulance ? Allez savoir ! Tout ce que je sais, c'est que je me retrouverai en consultation le mardi suivant face à l'une des plus fameuses commères de Saugues qui me racontera ce que je sais déjà en se pinçant le nez, l'air scandalisé et le cou rosi. Je la laisserai dire avant de lui tendre son ordonnance et, dans un sourire affable, je ne résisterai pas à l'envie de lui lancer :

– Mais, madame Delmas, ce bébé, c'est merveilleux ! Qu'importe s'il arrive hors mariage ! C'est une chance ! Pour cette jeune fille, pour le pays !

Ma brave Mme Delmas en restera bouche bée sur le seuil de mon cabinet avant de tourner les talons, le sifflet très brièvement coupé, puis de faire volte-face en m'adressant cette parole qu'elle pensera définitive :

– Comment pouvez-vous ? Vous qui allez à l'église, docteur…

Oui, je vais à l'église. Oui, je suis croyant. Oui, j'ai été élevé dans une famille où la foi tient une place centrale et éduqué par les jésuites à Alger. Mais je ne suis pas un médecin catholique. Je suis médecin et catholique. Médecin avant tout. Et comme tout médecin, je n'ai pas à juger ceux qui viennent à moi. Dans leur souffrance et leur douleur, je me dois de les prendre tels qu'ils sont.

Et comme tout médecin, j'ai la religion de la vie, dans toutes ses expressions. J'ai toujours considéré, et c'est encore le cas, qu'un enfant était le signe le plus prodigieux, le plus éclatant, le plus évident de l'intelligence de la vie. Pourquoi deux êtres qui se plaisent, font l'amour et donnent naissance à un nouveau petit être devraient-ils en avoir honte ? Quoi de plus fort, de plus beau, de plus miraculeux ? N'est-ce pas là la manifestation de la vraie nature et de la liberté d'un homme et d'une femme ?

Autant le dire, la question de l'avortement est difficile pour moi à aborder, à envisager même. J'étais plutôt le médecin qui accouchait… Ceci dit, quand la loi sur l'interruption volontaire de grossesse sera votée en 1974 et que des patientes (il y en aura très peu) me feront part de leur choix d'avorter, je les orienterai volontiers vers le service *ad hoc* (par ailleurs excellent) de l'hôpital du Puy. Je suis un médecin légaliste.

En 1973, la pilule existe, bien sûr, disponible sur ordonnance depuis 1967, mais, en milieu rural, on peine souvent à faire confiance à ce mode de contraception. J'ai noté qu'il y a comme un blocage à envisager qu'un simple petit cachet puisse empêcher qu'un enfant soit conçu. Dans nombre d'esprits, largement ignorants de la façon dont fonctionne le corps féminin, cela paraît tout bonnement invraisemblable.

Des jeunes filles qui deviendront mères hors mariage, j'en ai accouché quelques-unes déjà. Ce n'est pas si rare. Pour la plupart, la maternité est leur unique perspective d'avenir. Au fin fond d'une combe ou d'une ferme des bords de la Seuge, à part soigner, traire et surveiller les vaches ou les brebis, quel autre genre d'existence s'ouvre à elles ?

Un enfant, c'est une façon de prendre une autre voie. Devenir mère c'est habiter le monde autrement, c'est se donner l'opportunité d'écrire pour soi un chapitre inédit, aventureux, potentiellement heureux. Un enfant force à assumer la responsabilité d'une vie nouvelle. C'est la perspective de bâtir une famille qui est, à mes yeux, la conséquence concrète, naturelle, évidente de cet élan vital qu'est l'amour. Je comprends cette pulsion, cette espérance. En revanche, je ne comprends pas qu'on puisse le reprocher à celles qui y cèdent.

Après avoir attendu que l'ambulance arrive et reparte avec la petite et sa mère, j'ai repris le volant pour me rendre à Vazeilles. L'air est presque brûlant dans l'habitacle, m'obligeant à conduire toutes fenêtres ouvertes pour ne pas fondre sur mon siège. Sur la route, Chopin m'accompagne. Depuis que j'ai acheté ma Peugeot 204, mes trajets en voiture ne sont plus tout à fait les mêmes ; l'ayant fait équiper d'un lecteur de cassettes, je roule maintenant en musique ! Haendel, Mozart, Liszt, Haydn sont avec moi, je me sens bien moins seul.

La musique a toujours fait partie de ma vie. Elle est d'ailleurs liée à l'un de mes tout premiers souvenirs d'enfance.

Je dois avoir quatre ans, guère plus. Je me revois au milieu de la cour de notre maison d'Aflou, face à un public dissipé – les quelques poules et canards que ma mère élevait pour notre consommation –, chantant de tout mon cœur et à pleins poumons la messe (ne connaissant pas encore celle en ut majeur de Mozart, je m'en tenais aux airs des cantiques entendus à l'église, le dimanche, mimant l'organiste sur une chaise de cuisine qui me servait d'harmonium). Par la suite, j'ai appris le piano, et puis, grâce à mon grain de voix, j'ai réussi à intégrer la chorale du collège Notre-Dame d'Afrique à Alger, les Gentils Escholiers, ce qui me valut, l'été de mon bac, de faire le trajet vers la France, et Paris, pour un récital avec les Petits Chanteurs à la croix de bois auxquels notre chorale était affiliée, sous la direction de Mgr Maillet devant le cardinal Roncalli, alors nonce apostolique à Paris.

La musique est un cadeau divin. Elle apaise, rend la vie plus agréable, plus belle. Je me surprends souvent à mieux respirer en écoutant une messe de Bach ou un oratorio de Haendel.

Sur la route de Vazeilles, j'en sème quelques notes vibrantes dans la nature…

Je ne le sais pas encore, mais je suis en train de faire route vers un rendez-vous déterminant.

C'est Yvonne elle-même qui m'ouvre lorsque je frappe à la porte.

Ni grande ni petite, ni maigre ni enrobée, les cheveux châtains, les joues rosies, comme tous les gens d'ici, elle m'accueille avec un sourire avenant. Dès les premières minutes de notre entrevue, sa mise soignée, ses manières vives, précises, me font excellente impression. Mais sera-t-elle à la hauteur de la tâche qui l'attend ? Je suis un patron gentil mais exigeant. Surtout en ce qui concerne la tenue d'une maison. J'ai été élevé par une mère qui aurait pu décrocher l'or à chaque olympiade de la parfaite femme d'intérieur si cela avait existé ! Ceci a fait de moi un homme peu habitué à être parasité par les problèmes domestiques. Et pour tout dire, ces questions-là m'ennuient au-delà de tout. Ce que j'attends donc, chez les personnes qui travaillent à mon service, c'est qu'elles soient suffisamment organisées et méticuleuses pour prendre totalement en charge ma maison et ma logistique personnelle. Je lui fais comprendre que je ne vis pratiquement que pour mon métier, mes malades. Je ne le ressens pas comme un effort ou un comme sacrifice, c'est tout simplement ma vie.

– Voyez-vous, Yvonne, je suis sur le pont dès huit heures le matin pour les consultations, puis j'enchaîne avec les visites et suis de retour à la maison rarement avant vingt et une heures. Il m'arrive parfois de ne pas rentrer si, par exemple, un accouchement exige que je reste à la maternité. J'assure aussi, comme vous le savez peut-être, une semaine sur deux, en alternance avec le docteur Monnier, les gardes du week-end. Si vous acceptez de travailler pour moi, je vous demanderai donc de rester à demeure la semaine, et les samedis et dimanches où je suis de garde. Ce sera plus pratique... Les week-ends où je ne suis pas d'astreinte, vous serez évidemment totalement libre de votre temps car je descends à Montpellier chez mes parents. Je pourrai vous raccompagner ici les vendredis après-midi, si vous le souhaitez...

Elle s'inquiète de savoir si elle devra aussi s'occuper du cabinet. Je la rassure :

– Non, vous n'aurez qu'à y faire le ménage. Cela signifie aussi apprendre à nettoyer les instruments utilisés et à les stériliser. Ne vous inquiétez pas, ma mère va venir passer quelques jours, elle vous montrera comment faire. Je compte aussi sur vous pour faire régulièrement un inventaire du matériel afin d'assurer le renouvellement des compresses et autres accessoires de soins. Christiane, ma secrétaire, s'occupera de racheter ce qui manque.

Je lui explique que j'attends d'elle que la maison soit toujours impeccable, ainsi que mon linge, avec lequel elle aura fort à faire, car il n'est pas rare que je me change une à deux fois par jour, notamment entre les consultations du matin et mon départ pour les visites. Par ailleurs, je lui précise que les horaires de mes repas seront très difficiles à suivre. Je peux déjeuner à onze heures comme à quatorze, et dîner à vingt heures comme à vingt-deux heures trente et partir en plein milieu en cas d'urgence. Le bon côté, c'est que je ne suis pas difficile. Simplement, j'aime la bonne cuisine. Je suis le fils d'un cordon-bleu, ça laisse des traces ! Comme je ne suis pas souvent à la maison, j'insiste sur le fait qu'elle devra gérer l'intendance seule, prendre des initiatives… Que les choses soient bien faites, en temps et en heure.

Elle m'écoute avec attention, m'interroge sur son hébergement, sa rémunération. Je lui demande deux ou trois choses sur sa formation (elle a fait une bonne école ménagère), ses talents… Elle est franche. Elle est simple. Nous tombons d'accord. Nous convenons qu'elle commencera le lundi 3 septembre.

J'attends des gens qui travaillent avec moi qu'ils me libèrent de toutes les contingences liées au quotidien. Je ne peux – et ne veux ! – m'occuper que de médecine. D'autant que, lorsque je ne suis pas au chevet de mes patients, j'utilise le temps qui me reste à un projet que je mûris depuis presque deux ans.

Je pense ouvrir prochainement un centre médical à Saugues même, où les gens auraient accès à différents services de santé, ce qui leur éviterait d'avoir à se déplacer jusqu'au Puy-en-Velay pour passer une radio des poumons ou du poignet, entre autres choses… Pour cela, je multiplie les rendez-vous avec le conseil départemental de l'Ordre des médecins au Puy-en-Velay et diverses associations qui travaillent sur la question de la médecine rurale… La tâche est ardue, les obstacles nombreux, car la médecine rurale est – déjà, à l'époque – le parent pauvre de notre profession.

Le 3 septembre 1973, jour de la Saint-Grégoire, à l'heure exacte où le laitier passe, Yvonne arrive avec une petite valise. Je l'installe dans une des chambres du premier étage, dont la fenêtre donne du côté de l'entrée du cabinet, et lui fais faire le tour du propriétaire. Puis Christiane arrive, comme chaque matin, vers huit heures moins dix. Bien évidemment, je fais les présentations. Les consultations démarrent à huit heures mais déjà quelques patients attendent dehors… Il est temps de les faire entrer. Et que chacun se mette au travail.

Yvonne sera, jusqu'à ma retraite, mon alliée et un soutien bienveillant, indéfectible, précieux au quotidien. Sans elle, je n'aurais sans doute pas pu exercer avec la liberté et la disponibilité qui furent les miennes. Nous formerons une équipe complémentaire et soudée. À partir de 1982, lorsque je me séparerai de Christiane, elle reprendra aussi le secrétariat du cabinet, avec la même efficacité, le même élan qu'elle met dans tout. Elle passera son permis de conduire. Elle acceptera aussi, de bonne grâce, de taper mes discours de maire et de conseiller général. Une perle, je vous dis…

Dès ses premiers jours chez moi, Yvonne s'adapte presque naturellement à ma façon de vivre si peu banale. Lorsque je descends pour le petit déjeuner, elle a déjà pris le sien et monte faire ma chambre et la salle de bains. Quand je démarre les consultations elle part faire les courses, avant de s'atteler à la préparation du déjeuner. Elle a immédiatement compris qu'elle ne devait surtout pas me demander ce que je voulais manger ou quelle paire de draps je préférais pour mon lit. Elle décide, organise sa journée comme elle l'entend.

Ma mère, comme prévu, vient passer quelques jours à Saugues pour lui donner des conseils. Yvonne écoute, apprend, retient, sans difficulté et, sans tarder, arrive à servir son premier couscous. Elle obtient sa totale confiance. Ce qui est important pour moi. Elle n'aura aucun mal à conquérir, dans la foulée, celle de mon père et de mes frères.

Je deviendrai, bien sûr, son médecin lorsqu'elle tombera malade et, bientôt, je compterai aussi ses parents parmi mes patients.

Avant de partir en visite l'après-midi, je prends l'habitude de lui indiquer mon parcours pour qu'elle sache chez qui ou à quel numéro de téléphone public elle pourra me joindre, si l'on appelle à la maison ou si un patient se présente en l'absence de Christiane.

Quelle que soit l'heure à laquelle je rentre, elle veille jusqu'à mon retour et tient la table prête et mon dîner au chaud.

Bientôt, je lui apprends à faire les pansements et à m'assister pour les actes de petite chirurgie que je suis couramment amené à faire au cabinet. Les dimanches en particulier. À cette époque où la télé n'hypnotise pas encore les foules – l'objet n'a pas pénétré tous les foyers (loin de là) –, les gens partagent encore de bons moments. Le soir, on se rend visite entre voisins pour la veillée. Les femmes d'un côté, les hommes de l'autre. On discute en tricotant ou en jouant aux cartes. Et le dimanche après-midi, il y a bal au village. Une tradition qui permet aux jeunes de se rencontrer… et presque rituellement, l'alcool aidant, de se bagarrer… Lorsque je suis de garde, dès le milieu de la journée, je prépare fil de suture, compresses et désinfectant, car les blessés ne manquent jamais d'arriver, souvent portés à la force des bras jusque chez moi. Mon lot de nez amochés, cassés, de plaies à la joue, au cuir chevelu ou à l'arcade sourcilière est quasi garanti !

Yvonne nettoie consciencieusement les blessures, tient le plateau de suture, coupe les fils, sans trembler. Elle apprend vite aussi que, pendant que je reçois les belligérants d'un camp dans mon bureau, il est préférable qu'elle fasse patienter leurs adversaires, qui suivent immanquablement, dans le petit cabinet aménagé à l'arrière du secrétariat, afin d'éviter qu'ils ne se croisent et qu'une nouvelle empoignade ne démarre dans ma salle d'attente.

Elle a une qualité cardinale pour moi : elle n'est pas du genre à aller cancaner à droite, à gauche avec les commères de Saugues à propos de ce qu'elle voit, vit, entend chez moi ou au cabinet. Elle a aussi le bon goût de m'épargner les derniers potins qui courent le village et dont je me fiche éperdument.

Bref, nous nous comprenons, et nous estimons dans le respect des fonctions et obligations de l'un et de l'autre.

À la fin de l'année 1973, je rentre un soir avec une excellente nouvelle. Pour une fois, j'arrive à l'heure du journal télévisé (j'ai acheté un poste, moi qui n'ai quasi jamais le temps de me poser devant). Yvonne a l'habitude de le regarder et je la trouve au salon et m'assieds dans le fauteuil à côté du sien. Bien sûr, elle a déjà pris son dîner, bien sûr, le mien est prêt à être servi, mais il attendra un peu. Je suis pressé de partager avec quelqu'un ma victoire du jour :

– Yvonne, ça y est, vous êtes la première à qui je l'annonce : j'ai signé le bail pour ouvrir le centre médical. Il y a des travaux à faire, vous vous en doutez, mais l'endroit est idéal.

– Mais c'est formidable, docteur ! Vous devez être bien soulagé maintenant…

– Presque, Yvonne, presque… Je le serai vraiment quand il sera ouvert.

Je me suis battu pour obtenir ce lieu au juste prix, comme je me suis battu pour trouver des appuis, de l'aide, des financements. J'ai sonné à la porte du conseil de l'Ordre de Haute-Loire, à celle du préfet, du conseil général, j'ai même pris ma voiture pour me rendre à Paris au ministère de la Santé. Sans succès. Pas de fonds. On m'a écouté et éconduit poliment.

Je n'ai pas compris qu'on ne saisisse pas, au niveau des services de l'État, la nécessité d'accompagner mon initiative. Je n'ai pas la prétention de croire que je suis le premier à avoir ce genre d'idées. Et c'est avec tristesse que je pense à ceux qui ont tenté leur chance ailleurs. Comme moi, on leur a prêté une oreille distraite, pire, condescendante. Mais j'ai tenu, persévéré, parce que j'ai fait un rêve : faire de ce centre une unité pilote qui pourrait permettre de faire évoluer l'accès aux soins des populations rurales qui sont si souvent laissées pour compte.

Avoir un accident vasculaire cérébral ou une attaque cardiaque en plein milieu d'un vallon de la Margeride, à quarante, cinquante ou soixante kilomètres de l'hôpital le plus proche, accroît dramatiquement les risques de décès. Porter secours à un homme dont le pied a été sectionné par une tronçonneuse dans un bois à mille cinq cents mètres d'altitude ou à un autre, encorné à l'abdomen dans la cour d'une ferme au confluent de la Virlange et de la Bessayre qui coulent au sud du canton, est difficile. Sauver le patient ou le membre mutilé, parfois quasi impossible. Je connais ça, j'y suis confronté régulièrement.

La chance a plusieurs fois été ma complice dans ces situations délicates. Comme cette fois où j'ai reçu à mon cabinet un homme qui présentait des blessures superficielles aux bras et aux jambes, reçues alors qu'il coupait du bois en forêt avec son frère. Comme il se rhabillait, je le vis faire un début de malaise et lui commandai donc de se rallonger. C'est là qu'il me précisa qu'il avait heurté violemment un billot de bois au niveau des côtes, côté gauche. J'ai immédiatement pensé à une rupture de la rate. Je ne sais pas ce qui m'a orienté, mais j'en étais sûr. Guidé par mon intuition, j'ai agi sans attendre, pris mon téléphone, commandé une ambulance qui est arrivée en dix minutes. Le temps de poser une perfusion de sérum isotonique et mon paysan – appelons-le Pascal – était embarqué !

C'était bien ce que j'avais cru. Dès son arrivée à l'hôpital, Pascal a été pris en charge par un chirurgien qui a procédé à l'ablation de la rate sans tarder. C'est par lui que je l'ai appris, le soir, au téléphone.

« Sans votre réactivité, docteur, il serait mort… » m'avait-il dit.

Depuis que j'exerce à Saugues, je suis témoin de l'invisibilité des populations rurales à l'échelle de l'État, qui vivent au quotidien dans un évident inconfort matériel et financier, et une insécurité médicale tout aussi évidente. Il est temps de leur apporter quelque chose et surtout de les sortir de leur isolement. Ça commence par une offre de services de santé de proximité du même niveau que ceux dont bénéficient les urbains. La France n'est pas Paris, la France ne se résume pas à ses grandes villes. Elle est profondément, majoritairement, par sa démographie, sa géographie, son économie, provinciale et campagnarde. Mon discours n'a pas emballé les édiles locaux ni nationaux. Mais j'ai réussi à convaincre mon confrère le docteur Monnier, qui a accepté d'investir de l'argent avec moi.

Nous avons monté une société de moyens pour créer ce centre.

Je me suis chargé de recruter l'équipe de partenaires médicaux qui allaient le faire vivre. Le radiologue d'abord.

Je l'avais en ligne de mire depuis plus d'un an. Moi qui ne cours pas les mondanités, j'avais exceptionnellement accepté l'invitation à dîner d'un chirurgien. J'étais arrivé chez lui au Puy-en-Velay après ma dernière visite, alors que les convives en étaient au dessert. J'y étais resté jusqu'à deux heures du matin, avant de rentrer à trois heures à Saugues où je devais finalement passer le reste de la nuit à la maternité. Mais j'avais rencontré à cette soirée un radiologue avec qui nous avions passé une partie de la soirée à discuter du système de soins et des options possibles pour l'améliorer. Le courant était passé. J'avais gardé sa carte et, lorsque je l'avais appelé quelques mois plus tard pour lui demander s'il était partant pour partager son temps entre son cabinet au Puy et Saugues, il m'avait répondu « banco ». L'affaire avait été conclue chez lui, un soir, autour d'un généreux dîner auquel avaient assisté Rémy et ma belle-sœur.

Pour l'assistante sociale, je me suis rapproché de la Mutuelle sociale agricole qui a accepté d'être partenaire et nous a envoyé quelqu'un dont la mission serait d'aider les agriculteurs à trouver des aides financières, notamment en cas d'accident, de pathologies invalidantes ou bien nécessitant un long arrêt, et dont la mission couvrirait aussi la protection maternelle et infantile.

L'infirmière de Saugues, ainsi que le dentiste et le kiné ont également trouvé l'idée intéressante et ont rejoint l'équipe.

Christiane a bien voulu assurer le secrétariat, en plus de celui de mon cabinet.

Il ne restait plus qu'à lancer les travaux dans l'immeuble de la rue Castelviel. Cela a pris évidemment quelques mois. Au printemps 1974, alors qu'il ne restait presque plus rien à faire et que l'ouverture était imminente, un feu s'est déclaré. Accidentel ? Criminel ? Dans les petits villages, il arrive parfois que la réussite, même modeste, attire des jalousies, mais de là à vouloir l'anéantir par le feu ? Et dans ce cas, qui ? Et en quoi cette entreprise que j'avais menée de bout en bout pouvait gêner ?

Je n'ai jamais eu le fin mot de l'histoire.

Toujours est-il que les assurances ont couvert le sinistre. Il a fallu attendre de toucher l'argent et de remettre à neuf ce qui avait été saccagé par l'incendie pour ouvrir le centre médical de Saugues.

Ce qui est enfin arrivé à l'automne 1974.

Autant le dire, j'en suis fier. Fier pour le canton et heureux pour ses habitants.

8

Le tournant

19 août 1976. Poussée par un vent venu du nord, une nuée laiteuse s'est rendue maîtresse du ciel depuis une dizaine de jours, asphyxiant définitivement l'incandescente canicule qui a régné sur le pays de mai à juillet. Mais la sécheresse dure. Ce jeudi après-midi, j'ai prévu de commencer ma tournée en rendant visite à une patiente qui habite à une dizaine de kilomètres et qui rentre à peine de l'hôpital. Je viens tout juste de tourner la clé dans la portière de ma voiture quand la sirène grave et plaintive des pompiers déchire l'atmosphère somnolente de l'après-déjeuner… Un coup. Si cela s'arrête là, c'est un incendie. Mais il est immédiatement suivi d'un second. C'est donc un accident.

Je ne saurai ce qui s'est passé qu'en début de soirée, au retour d'une longue tournée qui m'aura mené jusqu'à la frontière de la Lozère. Le téléphone arabe n'aura pas réussi à me rattraper sur le chemin, et c'est Yvonne qui m'apprendra que l'alerte a été donnée pour le docteur Jean-Claude Simon.

Apparemment, en sortant d'un déjeuner avec deux jeunes gens du pays, il lui a pris l'idée d'aller faire du canot sur le plan d'eau de la base de loisir qu'il venait de faire construire. L'embarcation a versé. Il a, semble-t-il, essayé de sauver l'un des jeunes qui ne savait pas nager. Ils se sont noyés tous les deux…

Ce décès assomme Saugues, le canton et tout le département de Haute-Loire qui perd ainsi, soudainement, tragiquement, d'un seul coup, un maire, son président du conseil général et son député. Le lendemain, je repousse l'ouverture des consultations à la fin de la matinée afin d'avoir le temps de lui rendre un dernier hommage. Sa dépouille est exposée dans la salle du conseil municipal transformée en chapelle ardente. L'enterrement se déroulera dans la collégiale de Saugues. Tout ce que le département compte de figures politiques est là, évidemment. Les conseillers municipaux, généraux, les chefs de partis politiques locaux et même certains nationaux, le préfet… Tous dans les premiers rangs à l'église et puis, après, au cimetière.

Le lendemain paraît dans le journal de la Haute-Loire une photo prise au cours de la cérémonie. Alors seulement, et en gros plan, je perçois dans les yeux contrits, mais secs, de tous ces dignitaires et représentants du peuple briller l'éclat de l'opportunisme et du calcul. Chacun évaluant en son for intérieur ses chances de faire avancer sa carrière. Cette photo fait monter en moi une sorte de malaise. Il fallait réagir et contrer la mécanique qui allait écarter Saugues de sa position acquise sur le plan départemental et national.

Je prends à ce moment-là la décision de me porter candidat à l'élection qui se déroulera avant la fin de l'année pour désigner le successeur de Simon à l'Assemblée nationale. Je ne suis affilié à aucun parti, même si mon cœur bat par tradition au centre droit. Je n'ai aucun programme politique, si ce n'est de devenir au Palais-Bourbon la voix des hommes, des femmes de Saugues, de cette France rurale qu'on dit profonde et qui l'est effectivement. Pour la côtoyer chaque jour au plus près, je sais à quel point elle est ardente et intelligente, difficile et forte. Et méritante. À quel point, aussi, elle a besoin d'être considérée et soutenue.

C'est en substance ce que je déclare dans l'interview que je donne au quotidien de la Haute-Loire pour annoncer ma candidature.

Je n'ai aucune idée de la façon dont s'organise une campagne. Je n'ai ni local ni bureau politique évidemment, encore moins d'équipe et, surtout, absolument aucune visibilité sur ma capacité à fédérer un électorat…

C'est un geste spontané, épidermique, mais qui va considérablement gêner.

Le jour suivant la publication de mon entretien dans le journal, je suis au beau milieu d'une consultation quand Christiane frappe à la porte. Avec un air de conspiratrice, elle m'indique que j'ai un appel urgent de Paris. La personne patiente au bout du fil… C'est Jacques Barrot. Je l'entends encore dans le creux de mon oreille me dire, avec le ton de l'instituteur réprimandant un gamin capricieux :

– Mais enfin, docteur Vieilledent, vous n'avez aucune expérience d'élu, vous ne connaissez pas le terrain ! Ça ne se fait pas comme ça une campagne, vous savez, et encore moins une élection…

Pour finir, il me prévient que, si je persiste, surtout, que je ne m'attende pas à obtenir un quelconque soutien politique. Entre les lignes, il me garantit un fiasco et me conseille donc de me retirer gentiment de la course.

Un peu plus tard encore, c'est la préfecture qui se manifeste et me convoque pour le lendemain au bureau du préfet lui-même. Je fais ce qu'il faut pour me libérer en fin d'après-midi. Celui-ci me reçoit dans un petit bureau seulement meublé d'une table et d'un téléphone. Il m'informe que ma décision a contrarié tout le monde ici et même (est-ce vrai ? Je reste circonspect là-dessus) jusqu'au plus haut échelon de l'État. Là encore, on me fait comprendre qu'on ne me facilitera pas la tâche. Il me propose de prendre quelques minutes pour reconsidérer ma candidature, en me donnant la possibilité d'appeler qui je veux pour prendre conseil et en discuter. J'accepte. Le préfet me laisse seul et je compose le numéro de Rémy. Après lui avoir fait le résumé des dernières quarante-huit heures, il me dit simplement : « Laisse tomber. » Ce que je fais.

Quelques semaines plus tard, les urnes parlent. Le siège de feu le docteur Simon, député UDF, revient au camp socialiste. Les prochaines municipales approchent, elles se tiendront en février 1977. Spontanément, je ne me serais pas présenté à ce scrutin mais, sans que je le sache, je fais figure de candidat idéal dans l'esprit de certains.

C'est Rémy qui va jouer les entremetteurs.

Un matin, il appelle Christiane pour prendre un rendez-vous pour le lendemain aux heures de consultation. Surprise, elle me le passe immédiatement. Au téléphone, il me dit simplement : « Ne t'inquiète pas, ça n'a absolument rien de médical. Mais il faut qu'on se voie rapidement, c'est important et urgent. » Mon frère étant un homme sage et raisonnable, je me plie à cette intriguante petite mise en scène sans plus insister, et sans m'inquiéter donc. Le matin suivant, à l'heure dite, Rémy se présente au cabinet avec deux autres personnes. Comme n'importe quel patient, ils vont attendre leur tour. Une fois dans mon bureau, Rémy prend d'autorité la parole et m'explique – chose qu'il m'avait cachée – qu'il a été approché, voilà quelque temps déjà, pour se porter candidat face au maire sortant, à savoir l'ex-adjoint du docteur Simon qui assure l'intérim depuis le décès de ce dernier. Offre qu'il a déclinée immédiatement. En revanche, compte tenu de mon coup d'éclat au moment des législatives, il a pensé qu'il serait pertinent de suggérer mon nom. Selon lui, mon statut de médecin, ma notoriété dans tout le canton font de moi un challenger sérieux. Après tout, j'ai le même profil que Simon… C'est aussi ce que pensent les personnes qui l'accompagnent ce jour-là.

Cette proposition m'ouvre de nouvelles perspectives. Il ne s'agit plus simplement de veiller sur la santé de mes concitoyens, c'est l'occasion d'obtenir les moyens d'améliorer leur vie quotidienne, et leur bien-être de façon bien plus large. J'ai des idées depuis longtemps pour Saugues, pour son développement et là, on m'offre la chance de les concrétiser. Tout ceci est bien tentant.

À la fois étonné et flatté qu'on me juge capable d'assumer cette charge, je dis oui. Je le fais aussi par défi. Par goût de la difficulté. Je ne sais strictement rien de ce que représente la gestion d'une commune, mais justement !

Je fais une campagne minimale. Ma stratégie consiste à m'appuyer sur ma bonne image de médecin sérieux, dévoué, intègre. Je ne fais que du porte-à-porte. Un acte presque naturel pour moi qui ai une histoire avec chaque quartier, chaque rue, presque chaque maison. Dans les cuisines que je connais par cœur, depuis longtemps, on me reçoit sans façon. Habitué à ce que je décline toute offre de « boire un canon », on me sert d'office un verre d'eau avec un peu de sirop de cassis avant de m'écouter expliquer ce que je veux pour Saugues. J'ai deux priorités : d'abord le désenclavement de la commune, ce qui passe par l'amélioration du réseau routier et notamment le goudronnage de toutes les voies de circulation, et puis l'humanisation de la maison de retraite.

Je fais faire quelques affiches, mais je ne tiendrai aucun meeting, aucune réunion publique. Je ne prononcerai aucun discours à aucune tribune.

Rémy m'épaule au cours de cette campagne de terrain. Il m'écoute, me conseille. Fin analyste, il oriente ma stratégie, m'aide à affiner, à préciser, au fur et à mesure, ma pensée, mes objectifs. Ensemble, nous ciblons les personnes susceptibles de faire de bons conseillers. Rémy, de par sa position de pharmacien mais aussi de président du club de foot, a de l'entregent, un réseau, bien plus que moi qui n'ai jamais eu d'activité associative et qui ne sors jamais. Nous réunissons assez rapidement une équipe que je présente sans étiquette. Elle est élue au premier tour et… en totalité ! Les gens ont choisi de voter pour moi sur un programme très simple, très prosaïque : par le travail, et une stricte probité, je professe qu'on peut agir pour le bien commun et améliorer la vie quotidienne des administrés. Voilà ce qui constituera mon seul bagage et ma seule ambition en politique.

Il va falloir maintenant ne pas décevoir et faire précisément ce que j'ai annoncé.

Tout commence bien. Je m'acclimate à mon nouveau statut assez vite. Le matin, je me rends très tôt à la mairie pour ouvrir le courrier, regarder si deux ou trois dossiers en cours avancent bien. L'information se diffuse très rapidement ; on peut me trouver à mon bureau aux alentours de huit heures, huit heures et demie. Alors les gens passent, qui pour réclamer un permis de construire, qui pour se plaindre du montant des impôts fonciers ou de la taxe d'habitation, qui pour demander une concession au cimetière. J'écoute, j'enregistre, je laisse des consignes pour que l'équipe municipale suive les demandes, les doléances.

J'avoue, je profite parfois de mon statut de médecin pour faire avancer certains projets. Quand on a sauvé la mère, la fille ou la femme d'un paysan et qu'on vient lui demander de céder un droit de passage sur ses terres, il est certain qu'il ne nous le refusera pas. Je suis conscient de mon avantage et n'en abuse pas. J'essaie autant que faire se peut de bien séparer mes deux fonctions, mes deux vies. Par instinct, je sais que tout mélanger serait une grave erreur.

Entre neuf heures et dix-sept heures, je redeviens totalement médecin. Mais le soir, je coiffe ma casquette de maire. C'est le moment de faire le point sur la journée avec mon premier adjoint et mon secrétaire général. Bien sûr, je préside les conseils municipaux, à moins qu'un coup de fil d'Yvonne ne m'oblige à partir toutes affaires cessantes au chevet d'un malade. Si cela peut attendre, je fais dire au patient par Yvonne que je passerai le voir après le conseil, ou à la première heure le lendemain. Rigoureuse, organisée, elle a une bonne intelligence des situations et sait déterminer celles qui nécessitent mon intervention. Pour les autres, elle a les mots qu'il faut pour rassurer les angoissés qui n'ont pas de problème majeur. Là-dessus, comme sur tout d'ailleurs, je lui fais entièrement confiance.

Élu et médecin. Chacune de mes deux vies me prend énormément d'énergie. Je m'aperçois très vite que, si je veux être efficace, tenir le rythme, il faut que je me réorganise. À la mairie, je suis secondé par mon secrétaire général et mes deux adjoints. Au cabinet, je ne peux plus tout assurer seul. Je décide donc de prendre un associé.

Un matin de printemps 1978, Rémy part à Montpellier où il a rendez-vous. Dans sa poche, une note que je lui ai confiée et sur laquelle j'ai écrit qu'au cabinet de médecine générale de Saugues on recherche un associé « disponible de suite ». Punaisée sur le tableau des petites annonces de la faculté de médecine en fin de matinée, cette note est décrochée dans l'heure. Le docteur Arnaud appelle à la maison dans l'après-midi. Coup de chance, je suis là, je décroche. Les présentations faites, je lui explique que, du fait de mes nouveaux engagements politiques, je ne peux plus faire face seul. Je lui raconte le pays, les gens. Il me parle de son parcours d'étudiant, cette sixième année de médecine qu'il termine, de son mariage, de l'accident de voiture dont il a été victime et dont sa jeune femme garde des séquelles qui l'obligent à rester allongée le plus souvent possible (Yvonne sera aux petits soins pour elle pendant les deux ans où le couple résidera chez moi).

Le courant passe.

Une visite à Saugues plus tard, et nous scellons notre association. Elle va durer plus de dix ans.

Le docteur Arnaud emménage avec son épouse dans la troisième chambre du premier étage de ma villa, le temps qu'ils trouvent une maison et qu'ils puissent l'habiter.

Entre-temps, j'ai fait procéder à quelques aménagements, notamment la construction d'une extension à l'arrière de la maison pour installer en rez-de-jardin le bureau du docteur Arnaud et, au-dessus, la nouvelle salle à manger et le nouveau salon, car la salle d'attente et le secrétariat vont prendre désormais une grande partie de l'espace que ces deux pièces occupaient jusque-là.

Dernier grand changement : les horaires. Dorénavant, je ferai mes visites le matin pendant que le docteur Arnaud assurera les consultations au cabinet. L'après-midi, nous intervertirons les rôles.

Autant le dire, tout ceci désarçonne les patients. Certains ne se privent pas de me dire qu'ils trouvent dommage que je ne sois plus aussi disponible. Je sens bien qu'ils sont un peu réticents à l'idée de consulter le docteur Arnaud en mon absence. Ils ne le connaissent pas, ils ne sont pas sûrs de pouvoir compter sur lui comme ils ont l'habitude de compter sur moi. Mais le temps de l'observation mutuelle et de l'apprivoisement passé, certaines personnes préféreront finalement son style, son approche, sa façon d'exercer aux miens. Doucement, mais sûrement, mon partenaire se fera sa clientèle grâce à – et un peu sur – la mienne. Encore une fois, c'est la règle du jeu.

Je rêvais, comme avec le docteur Monnier, d'une vraie et étroite collaboration. Une fois encore, ce ne sera pas possible. Nous ne partagerons rapidement que les locaux. Chacun gardant sa clientèle, chacun exerçant dans son coin. Les rendez-vous seront rigoureusement gérés par Christiane, et bientôt Yvonne.

Ce qui nous sépare, le docteur Arnaud et moi, c'est la philosophie du métier. Je ne travaille pas gratuitement, mais l'argent n'est franchement pas mon moteur. Il ne l'a jamais été. Ce qui me motive, me fait lever chaque matin (et même la nuit), c'est l'idée d'être au service des autres, d'être utile. Mieux encore : d'être un recours. Ce qui me pousse à agir de la sorte ? Probablement un goût singulier pour tout ce qui ne va pas. Tant mieux pour celui qui n'a pas de souci. Mais celui-là ne m'intéresse pas vraiment. En revanche, si quelqu'un me dit : « J'ai un problème », là, je m'arrête. J'écoute. J'aime la difficulté, tout ce qui fait obstacle, parce que je n'aime rien tant que trouver le moyen de les dépasser. Je crois que je n'y peux rien, je suis construit intellectuellement comme ça. Et cela va au-delà des seuls problèmes de santé. Un souci de remboursement de la Sécurité sociale ? Je prends le dossier en main. Un problème de droit à la retraite ? Je me renseigne pour la personne perdue dans les arcanes administratifs. Si je le peux, je n'hésite pas non plus à intervenir pour qu'un jeune décroche un job. Combien en ai-je aidé à faire leur CV ! Il m'est aussi arrivé d'intercéder en faveur d'un garçon pour qu'il soit exempté de service militaire. Il vivait seul avec sa grand-mère. Elle était venue me voir catastrophée au cabinet :

« Docteur, mon petit-fils va partir je ne sais où et ça va durer deux ans, vous vous rendez compte ? Comment je vais faire avec la ferme ? Vous pouvez faire quelque chose ? »

J'ai pris la plume et écrit aux autorités militaires concernées et compétentes. On peut dire que j'ai passé quelques heures avec le jeune homme à monter son dossier. Cela n'a pas été simple, mais nous y sommes parvenus. Le merci que j'ai reçu de lui, mais surtout de sa grand-mère, valait toutes les récompenses, toutes les médailles. Qu'on ait accédé à la requête de Franck me comble de satisfaction.

J'ai toujours recherché, toujours quêté et voulu obtenir d'autrui ce trésor, inestimable et doux : la reconnaissance. C'est peut-être ce qui donne sens à tout ce que je fais, à tout ce que j'ai entrepris, à ma vie.

Ma première rencontre avec ce désir pas vraiment conscient, mais prégnant, s'est faite au cinéma. Avec un camarade, pensionnaire comme moi au collège Notre-Dame d'Afrique, nous avions assez bien travaillé pour avoir l'autorisation des Pères jésuites de sortir le jeudi après-midi. Nous avions décidé de traverser Alger en tramway jusqu'au cinéma Le Marignan où l'on donnait une nouveauté, *Il est minuit docteur Schweitzer* d'André Haguet. Dans une scène, Pierre Fresnay, qui incarne le fameux médecin, opère le fils d'un grand chef africain et le sauve. La caméra fixe un instant le visage du père lorsqu'il comprend que son enfant va vivre. J'ai encore ce regard en mémoire, empli d'une gratitude infinie, irréductible, tellement pure qu'il m'a bouleversé jusqu'à la moelle. Pour moi, ce n'était pas du cinéma. À cet instant, j'ai su. Si pratiquer la médecine permettait de recevoir un tel regard, une telle émotion, alors je ferais tout pour devenir médecin. À cet instant, dans cette salle obscure, je me suis choisi un destin. J'avais treize ans.

9

Deux vies

– Pas question que j'y aille !

– Mais, Michel (appelons ce patient ainsi), à l'hôpital, tu seras soigné. Chez toi, je n'ai pas les moyens de te suivre comme il le faudrait…

– J'ai dit non. Donnez-moi ce que vous voulez, docteur, mais je reste ici, chez moi…

Michel me vouvoie. Par respect, par habitude. Je le tutoie parce que nous nous connaissons depuis près de douze ans, pratiquement depuis que je suis arrivé à Saugues. J'ai également suivi ses parents. Il est têtu comme une mule, dont il sait prendre mieux que personne l'air buté.

Ce jour-là, dans mon cabinet, je sais que je ne le convaincrai pas d'aller à l'hôpital. Ce mot-là a le don de le mettre dans un état second. Partir à l'hôpital, c'est pour lui le signe tangible que c'est grave. Et ça l'est, en effet. Il n'a pas envie d'entendre ça. Il n'est pas prêt à l'accepter. Et puis c'est loin l'hôpital. Qui s'occupera de sa ferme, de ses bêtes ? Son frère ? En pleine moisson, ils ont déjà beaucoup à faire quand ils sont tous les deux, alors tout seul… Je sais que Michel songe à tout ça lorsqu'il me dit non. Je n'insiste pas. Je reviendrai à la charge de toute façon.

Michel a ce qu'on appelle un « poumon fermier ». C'est une maladie respiratoire provoquée par l'inhalation de microspores de moisissure qui se développent dans le foin quand celui-ci est récolté et engrangé alors qu'il n'est pas tout à fait sec. Ces particules délétères sont libérées dans l'air lorsqu'on remue le foin pour le distribuer aux bêtes. Une exposition sur la durée peut provoquer une sclérose pulmonaire. Je diagnostiquerai de nombreux cas au cours de cette décennie quatre-vingt qui commence.

Michel souffre depuis pas mal de temps déjà de difficultés respiratoires, accompagnées d'une toux devenue persistante et aiguë. Au moment où il se décide enfin à venir me consulter, la maladie a déjà provoqué de graves lésions. La plèvre est touchée. D'où mon inquiétude. À ce stade, l'arsenal thérapeutique dont je dispose n'est ni suffisant ni efficace. L'idéal serait qu'il aille à l'hôpital…

Lorsque je lui ai expliqué les causes de son problème, Michel n'a pas voulu me croire. Inconcevable pour lui que les foins qu'il ramasse, que son frère ramasse, que ses parents, ses grands-parents ont ramassés de la même façon avant lui, puissent le rendre malade. C'est tout juste s'il ne m'a pas rétorqué que je débloquais complètement.

Les agriculteurs de cette époque n'imaginent pas que leur mode de vie, leur environnement soient potentiellement nocifs. Eux sont persuadés qu'ils vivent sainement. Ils sont dans la nature, et la nature est bonne. D'aussi loin qu'ils se souviennent, ils font les mêmes gestes que ceux qui les leur ont appris. Ils occupent la même terre et vivent sous le même ciel que leurs ancêtres, et tout ça se conjuguerait aujourd'hui pour les rendre malades ? Hypothèse ridicule, si ridiculement insignifiante qu'un haussement d'épaules suffit à la balayer.

Et puis ils ont une foi de fer dans leur capacité physique. Ils lui font bien plus confiance qu'à moi ! La maladie, l'accident, c'est pour les autres. Comme des enfants, ils se sentent d'une certaine façon « surpuissants ».

Eux ? Mais pourquoi feraient-ils un AVC, un infarctus ? Une infection pulmonaire ? Pas de raison. Ils sont forts, ils sont solides, ils se pensent intouchables.

Quand malheureusement ça leur tombe dessus, c'est un choc. Ils se sentent trahis d'abord. Mais cette foi en leur corps les aide souvent. La maladie devient alors l'ennemi à abattre. Ils ne doutent pas de leurs capacités à la vaincre, ce qui en fait des patients très combatifs en général. Et des alliés très précieux pour leur médecin ! Dans la lutte contre la maladie, il faut être deux, sinon cela ne fonctionne pas. Mais il arrive aussi que certains refusent, définitivement, de voir la réalité en face. Au point qu'ils essaient parfois de me démontrer que j'ai tort, que je me suis trompé. Ce boulanger, par exemple, à qui j'avais diagnostiqué une allergie à... sa farine. C'est comme si je lui avais annoncé qu'il était le fils d'un martien !

Il m'a pris pour un dangereux incompétent et il est illico allé consulter un de mes confrères de Saugues. À l'époque, outre mon associé, le docteur Arnaud, il y en avait deux autres : le remplaçant du docteur Monnier, qui venait de se tuer (une noyade, lui aussi), et puis un nouveau qui arrivait tout juste de Clermont-Ferrand. Il se trouve que c'est ce dernier que mon bonhomme choisit.

Mon confrère lui fera faire, tout comme moi, des analyses qui confirmeront mes conclusions que, cette fois, le boulanger acceptera. Il acceptera aussi de changer de métier, à contrecœur et avec difficulté évidemment.

J'ai également été confronté au cas extrême, et dramatique, de ce patient chez qui je suspectais un infarctus et à qui j'avais demandé d'aller passer des examens approfondis à l'hôpital du Puy. Il a voulu me prouver, mais avant tout se prouver à lui-même, que j'avais tort, que son problème n'était pas celui-là et qu'il gardait un cœur de jeune homme. Alors, de retour chez lui, il a décidé de se lancer dans l'ascension de ses escaliers en courant. Une fois, deux fois, trois fois… À la sixième reprise, son cœur a lâché. Il est tombé, raide mort, au bas des marches.

Michel, lui, est décédé à Saint-Étienne. À l'hôpital où il a refusé d'aller jusqu'à l'extrême limite, jusqu'à n'en plus pouvoir. Je n'ai pas réussi à le convaincre de s'y rendre avant que la maladie ne lui signifie qu'il avait perdu. En fait, j'ai renoncé quand j'ai compris que son choix était fait, irrévocable. J'ai respecté sa décision même si j'en connaissais l'issue. Donc, j'ai pris mes responsabilités et je l'ai soigné avec ce que j'avais, et du mieux que j'ai pu. Il n'est pas du ressort des médecins d'imposer à un patient leur volonté. Nous informons, nous proposons. Les gens disposent. Il faut l'accepter. Ce genre de situation effraie aujourd'hui les jeunes médecins. Ils craignent que la famille, ou même le malade lui-même *in fine*, ne se retourne contre eux en justice et ne leur reproche de ne pas avoir fait tout ce qu'ils pouvaient faire, tout ce qu'il fallait faire... Cela fait partie des nouveaux risques du métier.

Soigner ne se résume pas à poser un diagnostic et décider du traitement. C'est aussi un accompagnement, une attention portée au patient. Comprendre qui on a en face de soi, son mode de fonctionnement, connaître sa vie, c'est fondamental dans la pratique de la médecine. J'ai l'impression que cette dimension est accessoire aujourd'hui dans l'esprit de nombre de mes confrères.

J'ai beau être élu, et être très pris par des rendez-vous et des réunions à la mairie ou au conseil général, où je siège depuis 1979, je reste médecin avant tout. Et je ne renonce pas à demeurer le plus présent possible auprès de ceux qui en ont besoin. Question de principe.

Le fait de devoir me rendre régulièrement au Puy pour les sessions du conseil me permet de passer encore plus souvent qu'avant à l'hôpital, pour rendre visite aux malades que je connais. Je sais leur isolement, je le comprends.

Sans prévenir, comme ça, par surprise, le fait de voir s'encadrer dans l'encoignure de la porte de leur chambre mon visage, d'entendre ma voix familière leur adresser un « bonjour ou bonsoir chère madame/cher monsieur X » les rassure. Je sais que je fais entrer avec moi à la fois un peu de l'air de Saugues, et le réconfort de n'être pas oublié. J'aime alors voir la mine de ma patiente atteinte de cholécystite, de mon patient aux côtes cassées s'éclairer d'un sourire étonné et content, et quelque chose de l'ordre de la flatterie flotter au fond de leurs yeux à l'idée que leur cas est considéré, et même important, puisque leur médecin a pris la peine de se déplacer jusqu'à eux. Pour eux. Ça n'a l'air de rien mais je sais tout le bien que ce simple geste peut faire. Au moment où je prendrai ma retraite en 2012, ma patiente à la cholécystite s'en souviendra et me dira avec un brin de fatalisme : « Ce genre de chose, quel autre médecin le faisait ? Qui le fera maintenant ? »

Je profite toujours de mon passage à l'hôpital pour me présenter à l'infirmière de garde et m'enquérir auprès d'elle de l'évolution de l'état de mon malade, de son traitement. Détail important : je lui demande de signaler au médecin en charge du service que je suis passé. Une façon de lui signifier que le lointain confrère que je suis est là, bien présent, qu'il entend assurer un suivi et attend un résultat. Je sais aussi qu'après mon passage mon patient bénéficiera, mécaniquement, comme par réflexe, de plus d'attention.

Alors je peux reprendre la route pour la maison, au volant de ma Golf…

Au tournant des années quatre-vingt, sur les bons conseils de mon frère Pierre, j'ai abandonné ma Peugeot 204 pour ce modèle de Volkswagen à injection auquel je serai fidèle pendant une bonne quinzaine d'années. À la fois plus rapide et plus sûr sur les routes en hiver. Mon « neige gardien », le grand Julien, aimera beaucoup conduire ce véhicule à ma place. Les sonates de Scarlatti sont souvent enfoncées dans le lecteur de cassettes. Moment de calme et de répit. Je suis dans ma bulle, les phares déchirent la nuit. Lorsque je passe le pont de Monistrol, je suis de retour en Margeride.

Ce pont, j'ai décidé d'en faire mon cheval de bataille depuis que je suis conseiller général. Il ne comporte qu'une seule voie. Impossible de s'y croiser. C'est un de ces verrous qui compliquent l'accès au Puy pour les habitants de Saugues. J'ai décidé de le faire sauter. J'espère faire voter le projet de construire un pont neuf, à deux voies.

Souvent, lorsque je suis de session de nuit au Puy, je pars avec une petite angoisse à l'idée de laisser Yvonne seule à la maison. Il n'y a plus qu'elle et moi depuis que Christiane est partie. À ma porte, le drame peut sonner à tout moment. Que pourrait-elle faire ?

Il lui est d'ailleurs arrivé, une fois, une aventure dont elle rit encore aujourd'hui, un peu jaune tant elle a été impressionnée. J'étais précisément au Puy quand, au beau milieu de la nuit, un couple a sonné à la porte, non pas du cabinet, mais de la maison. La femme, enceinte, était manifestement en plein travail, soutenue par son mari plutôt paniqué. Lorsque Yvonne a ouvert, la dame était pliée en deux. Le temps de lui faire monter le demi-escalier menant au cabinet médical et Yvonne réceptionnait entre ses mains le bébé. La connaissant, son cœur a dû s'arrêter de battre une seconde avant que son esprit pratique ne reprenne le dessus. Elle a immédiatement appelé mon associé, le docteur Arnaud, qui n'a mis que cinq minutes pour arriver de chez lui. Mais ces cinq minutes ont paru une éternité à Yvonne, je le sais !

Fin 1983. *Paris Match* me suit une petite semaine. Je fais mes consultations, mes visites avec un journaliste et un photographe à mes basques. Pourquoi moi ? Comment m'ont-ils choisi ? Les circonstances se sont depuis longtemps effacées de ma mémoire. Reste ce numéro aux pages ternies par le temps, que je garde, et regarde maintenant, allant directement à la série de photos où je suis partout. Elles montrent mon quotidien d'alors, le quotidien d'un médecin de campagne.

Le reportage s'ouvre sur un cliché où je remonte à pied un chemin entre deux champs. Je ploie légèrement le haut de mon mètre quatre-vingts, comme si je luttais contre le vent. Ma sacoche dans la main gauche, mon imper ouvert sur un costume sombre. À la lisière de ma manche droite, on distingue mon poignet plâtré (souvenir d'une opération sans gravité). Ma cravate noire tranche sur ma chemise immaculée. Les couleurs sont indéfinies, passées. J'ai quarante-quatre ans. Le grain de la photo fait que j'ai l'air très brun, beaucoup plus qu'en réalité. J'ai un visage fort, carré, tendu légèrement en avant. Mon regard fixe un point inconnu. J'ai l'air sérieux, concentré, pressé. Je remarque que je ne portais pas encore de lunettes alors.

En tournant la page, on me voit dans la chambre d'un de mes plus anciens patients, M. Martin. Un paysan de Chanaleilles, lui-même fils de paysan et père de paysan. Nous sommes dans sa chambre. Les murs sont peints, nus, sauf un, orné d'un impressionnant crucifix. Dans le cadre de la photo, juste un lit assez haut, en bois, et une table de nuit sans style. Il doit avoir dans les soixante-quinze, soixante-seize ans, M. Martin. Il est assis sur la couverture à moitié défaite sur les draps. Il a retiré son tricot de peau et m'offre son dos blanc et chétif pour que je l'ausculte.

Quelques années plus tard, je me retrouverai dans cette chambre à nouveau, cette fois pour constater son décès. À côté de moi, sa fille, qui avait travaillé quelque temps chez moi – c'était avant l'arrivée d'Yvonne –, et ses fils. Autour du lit, nous nous tiendrons silencieusement dans la fragile clarté d'un nouveau matin. Et puis, parce que j'aurai le sentiment que c'est ce qu'il fallait faire à cet instant-là, je dirai : « Faisons une prière pour votre père et votre grand-père. » Et puis j'aiderai à habiller le corps. Il m'est arrivé ainsi, parfois, d'accompagner une famille au moment du décès au-delà de ce qu'un médecin est censé faire. Sous le coup de l'instant et de ce que me dictaient ma conscience, et ma foi. Dans le cas de M. Martin, j'étais assez proche de lui et de sa fille pour pouvoir me le permettre.

Le reportage de *Paris Match* souligne la proximité, la confiance, ce lien intime, humain qui existe entre un médecin et ses patients. Sur une autre page, on me voit dans une cuisine, penché sur la table en Formica où est allongé un bébé, Sébastien, que je suis en train d'examiner sous la surveillance attentive de sa maman et de Lucien, son père. Notre trio est éclairé par une lumière blanche qui descend du plafonnier. Mes manches sont légèrement relevées et on voit bien mon plâtre. Sur une chaise assortie à la table, ma sacoche en cuir ouvre son ventre bombé comme une panse repue de tout ce que j'y trimballe en permanence.

Dans le cadre de certaines photos, on voit que le téléphone et la télévision font maintenant partie des intérieurs, mais on y observe aussi, de façon très contrastée, la modestie et l'humilité de la condition de mes patients. L'enchaînement des scènes saisies par le photographe, et mises en page comme un film, suggère à quel point je suis impliqué, occupé par mon métier.

Il manque une séquence : un accouchement à la maternité. Cela a empli ma vie pendant plus de dix ans pourtant. Mais c'est désormais une histoire ancienne. La maternité a fermé au début de l'année 1981. C'est l'une des premières résolutions que j'ai réussi à faire passer en tant que maire.

Le suivi des parturientes et les accouchements s'effectuaient dans des conditions de plus en plus difficiles au fil des ans. Nous n'avions pas de personnel spécifiquement formé pour nous assister, pas d'équipement de réanimation, ni de quoi procéder à une intervention chirurgicale en cas de problème… Ces dernières années, la situation a failli devenir immaîtrisable à plusieurs reprises. J'étais résolu à ne pas tenter la chance plus longtemps. Pour moi, fermer cette maternité était une décision de bon sens. Je n'ai pas imaginé une seconde l'opposition que cela allait susciter. On m'a d'abord objecté que c'était une perte pour les femmes du canton auxquelles il ne restait plus que l'hôpital du Puy pour accoucher. Ce que je conseillais à mes propres patientes depuis déjà quelques années pour leur confort et leur sécurité ! Puis on m'a soutenu qu'on pourrait réinstaller ce service ailleurs, voire en ouvrir un autre aux normes, bien équipé avec un personnel qualifié. Ce qui aurait effectivement été possible mais… à quel prix ? Saugues n'en avait pas les moyens. Au vu du nombre des naissances, l'activité d'un tel établissement n'aurait jamais pu être rentable.

J'avoue avoir pris plutôt mal cette réaction à une décision qui me paraissait logique et juste. J'ai cru que la voix de la raison s'imposerait d'elle-même. Cela n'a pas été le cas. Il a fallu batailler.

Je vais apprendre, au cours de ce premier mandat, que quoi qu'on fasse il y aura toujours des personnes pour critiquer, dénigrer, refuser de reconnaître l'évidence et vous mettre des bâtons dans les roues. Je ne suis pas contre toute opposition. Mais ce qui va considérablement me gêner et, finalement, m'atteindre profondément, c'est l'opposition systématique, bornée. L'opposition pour l'opposition. Ce qui sera mon pain quotidien au cours de mon second mandat.

Dans le reportage de *Paris Match*, rien de tout cela. Les photos me montrent courant à droite, à gauche, au chevet d'un patient qui me fixe d'un regard attentif, espérant être entendu et compris, n'attendant de moi qu'une chose : que je prenne en charge son problème. On est face à la réalité nue. Dans sa crudité parfois. En tout cas, dans sa vérité. Sur ces instantanés, je ne vois qu'une chose : l'absence de tricherie dans le rapport d'humain à humain. Ma vie parallèle, secondaire, ma vie politique, y reste invisible au lecteur.

En mars 1983, je viens d'être réélu maire. À mon bilan, trois grandes satisfactions. L'inauguration de la nouvelle maison de retraite, d'abord. Celle-ci offre désormais un vrai confort à ses soixante-neuf pensionnaires, avec des chambres plus spacieuses, enfin médicalisées, des conditions sanitaires aux normes et une équipe professionnelle. Le goudronnage de toutes les routes du canton est en cours de réalisation et je finalise l'implantation, dans la zone artisanale, d'une entreprise de revêtement électrolytique qui va créer cent vingt emplois.

Je n'avais suivi aucune formation pour devenir maire. Je me suis lancé bille en tête sans me douter à quel point cette mission, au demeurant digne, louable, belle, était contrainte par un ensemble de règles législatives, institutionnelles, administratives, et par le jeu des ambitions contrariées, des frustrations non purgées et des rancunes imbéciles.

Avec ma réélection, on croit, à tort, que je n'ai d'autre ambition que politicienne. Mais si j'ai rempilé, c'est que j'ai besoin de ces six autres années. Ce n'est pas en un mandat, à mon sens, que l'on arrive à faire ses preuves à la tête d'une commune, même si celle-ci ne compte que deux mille cinq cents habitants. J'ai le projet d'entreprendre la rénovation du bourg en restaurant les places et en aménageant les trottoirs. Il faut aussi repenser le plan de circulation, notamment pour fluidifier le trafic lors du marché les lundis et vendredis. Saugues a aussi cruellement besoin de logements. Créer de nouveaux lotissements ne serait pas du luxe. Enfin, il y a le vaste chantier d'adduction d'eau ; les négociations sont déjà en cours avec nos voisins lozériens… Il y a tant de chose à faire, à accomplir, à réussir que m'arrêter là aurait été, non pas une frustration, mais un échec.

Seulement, à l'intérieur du conseil municipal, très vite et de façon insidieuse, un clan se forme qui n'aura pour toute ligne politique que le dénigrement de ma personne et de mon engagement. On me fait comprendre que je ne suis pas le successeur légitime de Simon et – faute suprême – que je suis loin d'être à sa hauteur. On me fait passer pour un type qui n'a rien à faire là, parce que simple opportuniste, pur parvenu… J'en suis blessé, car je n'ai jamais été ce genre de personne.

Que je me lance dans la restauration des orgues de la collégiale Saint-Médard ou dans la construction d'un marché couvert et chauffé – une idée qui n'a rien de farfelu ici sachant que l'hiver les maquignons, les éleveurs et les bêtes doivent parfois tenir marché par moins vingt ! –, je dois faire face sans relâche à des objections qui brillent le plus souvent par leur inanité, leur manque de logique et de franchise. Je suis trop souvent confronté à l'hypocrisie, au mensonge, à la mauvaise foi, pour garder longtemps la force d'en faire abstraction. Les manigances, le rapport de forces permanent usent mon énergie, ma motivation. Me justifier sur le moindre détail d'un arrêté, essuyer des critiques quoi que je dise, me lasse peu à peu, jusqu'à me faire perdre le sens même de mon engagement. Si s'engager pour une commune ne vous apporte que des inconvénients, des problèmes et ne vous renvoie plus que de l'hostilité, à quoi bon donner de son temps, de sa personne ? Le découragement plombe si bien ma seconde mandature que je déciderai de jeter l'éponge au bout des six ans. Sans aucun regret. Bien au contraire ! Mais je sortirai quand même de cette aventure avec l'âme blessée et avec, dans la bouche, le goût amer de la désillusion. Jamais je n'aurais pensé être confronté à autant d'aigreur, de malveillance, alors que je n'avais qu'un seul souhait : bien faire. Et agir honnêtement. Je n'obtiendrai aucun crédit pour ça. Dire que cela m'a atteint au plus profond est un euphémisme. Aujourd'hui encore, j'en garde la cicatrice au cœur, et je ne comprends toujours pas…

10

La famille

1985. Je déjeune tranquillement chez Rémy et ma belle-sœur. C'est une des premières belles journées d'un printemps maussade, comme souvent ici. Je ne vois pas la nouvelle venir. Aussi, lorsqu'elle tombe, entre deux bouchées d'un délicieux gigot d'agneau, je ne l'entends d'abord pas :

– Tu dis, Rémy ?

– Nous allons partir...

– Partir ?

– Oui, partir nous installer à Montpellier, comme prévu...

C'est vrai. Ce déménagement est dans l'air depuis pratiquement deux ans. Rémy, au moment même de ma réélection à la mairie, m'avait confié leur envie, à Mireille et à lui, de se rapprocher de leurs deux filles. « Elles démarrent dans la vie, c'est une étape importante, tu sais... Elles ont besoin de nous », m'avait-il dit. Alors ils avaient cherché à reprendre une pharmacie à Montpellier, mais les choses avaient traîné en longueur et, du coup, j'avais fini par oublier ce projet. Finalement, tout est réglé. Apparemment, il ne reste plus qu'à faire les cartons. Voilà. Ce que je ne redoutais presque plus au fil du temps arrive…

Je n'ai plus faim. Je suis abasourdi. Mon frère s'en va. C'est une question de semaines. Je vais me retrouver seul, ici, alors que tous les miens seront à Montpellier. Mes parents, mon frère Pierre. Louis, non. Tout juste marié à une Écossaise, il vit pour l'instant dans les Émirats arabes unis où son travail l'assigne pour quelques années encore.

Je regarde Rémy et je me demande pourquoi il m'a poussé à me représenter à la mairie. J'éprouve un profond sentiment d'abandon. C'est pour lui que je suis venu à Saugues il y a dix-sept ans, pour le soutenir, l'aider. Et maintenant il s'en va ? Il me laisse dans ce pays « exotique » dont parle Albert Camus. Je me sentirai encore plus exilé, bien loin de mon pays natal qui ne réside plus que dans la mémoire de mon enfance…

Partir de Saugues, au fond, moi aussi, je le peux. Là, tout de suite même ! Vendre le cabinet serait facile, ce serait une belle affaire pour un successeur. Sur le coup, j'y pense. Mais j'ai aussi un mandat de maire qui m'engage jusqu'en 1989, un autre de conseiller général jusqu'en 1991... or je fais partie de ces gens qui ne supportent pas de ne pas respecter leurs engagements. On m'a choisi, fait confiance. Je suis l'obligé de ceux qui ont voté pour moi. Je ne peux pas raccrocher en balançant mes responsabilités par-dessus mon épaule. J'en veux à mon frère de me laisser pieds et poings liés en Margeride au moment où j'ai le plus besoin du soutien de mon meilleur allié. Car c'est une période très dure pour moi à la mairie. Le travail de sape de mes opposants fait son œuvre. Certaines personnes de ma propre équipe vont me faire défaut, je le sens venir, dont ma première adjointe qui s'est manifestement rapprochée de ceux qui se positionnent comme les véritables héritiers de Simon. Depuis 1977, son ombre plane toujours sur Saugues, ses habitants, moi...

Rémy part. C'est une injustice. Et en même temps, un abandon. Parce que je perds la seule personne au monde à qui je peux tout dire, mes humeurs, mes pensées les plus intimes, mes problèmes, en toute liberté sans me soucier d'être jugé. Mon cadet sait tout de moi. Il est mon *alter ego*. L'autre voix de ma conscience. Ses conseils sont les plus précieux pour moi, sans doute parce qu'il promène sur les choses, les situations, une vision originale, en tout cas différente de la mienne, qui m'a si souvent éclairée.

Alors que nous finissons le café à la table de la salle à manger, et que Mireille s'affaire en cuisine, Rémy me confie qu'il n'en peut plus de cette animosité qu'il sent monter contre moi, le maire, et, par ricochet, contre lui, contre nous, les Vieilledent. Depuis le comptoir de sa pharmacie, il entend des commentaires, on lui fait comprendre certaines choses. Il semble que, pour une catégorie de Saugains, nous soyons trop voyants, nous prenions de la place et *a priori* pas celle que l'on mérite...

Pour Rémy, si discret, si sensible, cette atmosphère d'hostilité latente, montante, mal placée, devient insupportable. S'éloigner lui paraît opportun. Il espère même que cela me sera profitable. Ce que je ne crois évidemment pas.

Cette sensation d'abandon me ramène trente-six ans en arrière... Premier trimestre scolaire de l'année 1949. Je suis en septième au collège Notre-Dame d'Afrique, ce grand pensionnat jésuite d'Alger. Le petit garçon de neuf ans que je suis n'arrive pas à comprendre ce qu'il fait là. Pourquoi mon père m'a laissé ici à la fin d'un été brûlant ? Pourquoi m'a-t-il exfiltré de mon doux quotidien d'Aflou, de mon monde de roches et de sable, au cœur du Djebel Amour ? J'étais un enfant insouciant de son avenir, sans pression, qui apprenait plus sur la vie dans la cour de récré, avec ses petits camarades arabes et juifs, qu'en classe.

J'allais quitter Aflou, un matin froid de janvier 1949. Après avoir embrassé ma mère, je jetai un dernier regard à la porte de fer forgé de notre maison. J'ai eu le pressentiment que je ne reverrai plus cette porte... Mais je ne pouvais imaginer à cet instant que je passerais la majeure partie de ma vie auprès des paysans de France.

D'un coup, me voilà enfermé derrière une enceinte, sur les hauteurs d'Alger, entre la basilique de Notre-Dame d'Afrique et le couvent du Carmel. Je ne perçois de la ville qu'une constante et étrange rumeur par-delà les murs du pensionnat où, d'emblée, je me fais remarquer en pointant bon dernier. « Trente-cinquième sur trente-trois », écrira même mon instituteur sur mon premier bulletin de fin de trimestre. Je me sens comme un arbre déraciné loin des miens. Je supporte mal l'absence de mes parents, de mes frères : Rémy, de deux ans mon cadet, de Louis, qui a alors cinq ans. Je vais me sentir si incompréhensiblement seul que je vais fuguer, tenter de retrouver les miens. Ramené par mon oncle, qui n'habite pas très loin du pensionnat, sermonné et puni par le père censeur, je verrai débarquer deux jours plus tard mon père au collège.

Il aura fait plus de trois cents kilomètres, changé deux fois de bus et pris un train pour venir me coller une claque magistrale qui résonne encore dans ma mémoire. Une gifle, une seule, tranchante, terriblement froide, qui m'a brûlé la joue, et l'amour-propre. Une fois ce geste accompli, mon père est immédiatement reparti. Sans se retourner et sans avoir prononcé un mot. Du moins, c'est ainsi que je m'en souviens. À partir de là, j'ai compris que, si je voulais regagner son affection, il allait falloir que je me mette à travailler et que je me tienne à carreau.

Je me suis donc mis à étudier, je me suis discipliné, plié à la règle de l'enseignement jésuite, sans plus broncher, sans plus jamais me rebeller contre cet éloignement qui me torturait. Et puis Rémy m'a rejoint deux ans plus tard. Je me suis senti plus fort et surtout responsable de lui. Cela a suffi à remplir ma vie de collégien besogneux qui, à force de persévérance et d'efforts, allait finir par flirter avec les premières places des classements de fin d'année. J'ai tout fait pour que mon petit frère s'intègre plus facilement et plus intelligemment que moi. J'ai surtout essayé de le conseiller au mieux pour lui éviter de commettre les mêmes erreurs que moi et lui épargner la solitude et la déprime qui avaient été les miennes à mon arrivée. On a reformé tant bien que mal un micronoyau familial entre les cours, les messes obligatoires et les heures d'études. On s'est épaulés et là s'est nouée cette complicité ineffable, indéfectible, qui nous unit toujours et nous unira jusqu'au bout.

Après le départ de mon frère et de son épouse, un trou béant est apparu en plein centre de Saugues que personne d'autre que moi ne voit. Plus rien ne sera plus jamais comme avant pour moi, ici. Je reprends néanmoins mon rythme infernal entre mes fonctions d'élu et mes douze à quinze visites par jour.

La médecine rurale est un art nomade et solitaire. Je n'ai que peu de véritables amis et guère de vrais confidents, à part peut-être Bernard. C'est le fils d'un gros propriétaire terrien de la Margeride que je comptais dans ma clientèle depuis toujours. Nous sommes devenus proches au fil du temps.

Notre amitié a doucement démarré au milieu des années soixante-dix lorsqu'il est venu me consulter, non pas pour un problème physique, mais pour un problème personnel. Il s'était marié à une fille de la ville et elle ne se plaisait pas à Saugues. Il était sûr qu'elle allait le quitter malgré les enfants. Il était malheureux, perdu. Il ne voulait pas la perdre. J'avais fait jouer une de mes relations pour qu'elle soit embauchée à la maison de retraite afin d'avoir une activité autre que de s'occuper des brebis de son mari. Malgré cela, le couple n'a pas tenu. Probablement que le côté incurable fêtard de son mari n'aura pas arrangé les choses. Elle a fini par partir en demandant le divorce.

Peu de temps après, elle refaisait sa vie. Pas Bernard, qui restera célibataire.

Je passais le voir dès que je le pouvais ou lorsque j'avais envie d'une présence amie. Il avait ce don unique de me faire sentir bien, rien qu'en me serrant la main. Nous parlions de tout et de rien. De la famille, du travail, de nos soucis quotidiens respectifs, bref de la vie comme elle va. Et pour Bernard, viscéralement optimiste, elle allait toujours dans le bon sens. Là où je n'étais préoccupé que de régler la souffrance des autres, leurs problèmes, perpétuellement tendu vers la quête de « la » solution, lui me faisait voir ce qu'il y avait de bien, de bon dans chaque chose.

De lui, et de lui seul, j'ai pu entendre que ma raison de vivre, entièrement axée sur la prise en charge de la souffrance d'autrui, pouvait se situer ailleurs.

Il fut le seul à pouvoir m'en soulager, le temps que nous passions ensemble.

En le regardant me faire sauter une poêlée de cuisses de grenouilles, capturées et préparées par ses soins, en me forçant à m'asseoir à sa table en plein après-midi pour en profiter, il m'initiait à cet art simple du *carpe diem* que je n'ai jamais su vraiment maîtriser en dépit de ses leçons. Mais elles me restent encore aujourd'hui en tête, remontant à ma mémoire comme des bulles de champagne, subtiles, évanescentes et légèrement enivrantes.

Il fut l'un des rares à me poser la question. Je dis la question parce que j'imagine bien qu'elle a sûrement dû trotter dans la tête de bien de mes patients : « Georges, dis-moi, tu n'as jamais voulu te marier ? » Dans un premier temps, je lui ai fait la réponse qui me semblait la plus juste, la plus évidente :

– Mais je n'ai pas eu le temps !

Son petit sourire en coin, qui avait l'air de dire : « à moi, on ne me la fait pas », m'a poussé à lui dire la vérité.

– Je n'ai jamais rencontré celle avec qui j'aurais pu faire ma vie…

Encore ce sourire en coin…

– Bon, enfin, si. Je l'ai rencontrée, il y a longtemps. Dans un autre temps, une autre vie. En Algérie…

Bernard n'a rien dit. Il s'est calé au fond de sa chaise, il a allumé une cigarette et il a attendu la suite, comme si, forcément, elle allait venir. Comme si je la lui devais. Alors je lui ai raconté…

Elle s'appelait, elle s'appelle toujours d'ailleurs, Madeleine. La première fois que je l'ai vue, elle me tournait le dos, mais je me souviens très précisément de sa fine silhouette, à trois rangées de bancs devant moi, et du halo lumineux que formait sa robe blanche dans la pénombre fraîche de la petite église de Trézel. Son col échancré laissait voir sa nuque, légèrement courbée vers l'avant. Elle faisait partie des rares jeunes filles de l'époque à porter les cheveux courts, à la manière d'Audrey Hepburn. Je me souviens de son visage avenant lorsque, à la fin de la messe, je suis allé saluer mes deux cousines qu'elle accompagnait. Tout de suite, j'ai aimé son sourire doux et franc, sa façon de se tenir, ses attitudes, sa grâce. Sa façon aussi de poser des questions et d'attendre la réponse en accordant toute son attention à son interlocuteur.

Qu'est-ce qui fait que quelqu'un vous attire ?

Il a suffi de ces petites choses.

J'avais dix-neuf ans, elle dix-sept ans. Et j'ai su ce jour-là que j'avais rencontré celle qui pouvait devenir ma femme.

Madeleine était venue passer l'été à Trézel. Son père était propriétaire d'une des plus belles fermes du coin, qu'il dirigeait avec l'un de ses frères. Sa mère était morte quelques années auparavant.

Nous étions lointainement apparentés, cousins au quatrième degré, mais je ne l'avais jamais rencontrée auparavant. Il faut dire qu'à l'époque elle était pensionnaire à Oran et, moi, j'avais quitté Alger pour la France où je venais de terminer ma première (et dernière, car j'étais résolu à abandonner) année à l'École de santé militaire de Lyon.

J'étais revenu passer quatre semaines de vacances chez mes parents avant de retourner en métropole. Elle allait éclairer de sa présence mon séjour.

Cet été-là, je la retrouvai pratiquement chaque jour, chez mes cousines. Nous écoutions des après-midi entiers de la musique. Du classique, notre passion commune. Je découvrai la *Quarantième Symphonie* de Mozart, la *Symphonie Jupiter* dans l'interprétation de Bruno Walter et le *Premier Concerto pour piano et orchestre* de Tchaïkovski par Aldo Ciccolini. Elle m'offrirait d'ailleurs, juste avant mon départ, un disque du *Concerto en mi mineur pour violon et orchestre* de Felix Mendelssohn. Elle était curieuse et cultivée. Vers dix-neuf heures, nous partions vers le Boulodrome où se tenait, plusieurs fois par semaine, un bal pour les jeunes du bled. Sur la piste, on dansait le tango, le paso doble, la valse... Je n'ai jamais été un bon danseur mais j'aimais assez ça et puis, pour elle, et pour pouvoir l'entraîner sur la piste, je surmontais ma peur du ridicule.

De retour en France, je lui ai écrit. Elle m'a répondu.

Pendant l'année qui a suivi, elle à Oran, moi à Montpellier, nous nous sommes écrits. Cette relation épistolaire a duré pratiquement deux ans et puis ses lettres se sont espacées. Un jour, j'ai reçu un courrier d'une de mes cousines de Trézel dans lequel elle me glissait incidemment que Madeleine était fiancée à un officier de l'armée française.

Ils se sont mariés l'année suivante, et elle aussi a quitté l'Algérie pour suivre son mari dans le nord de la France.

Cette nouvelle a brisé quelque chose en moi, quelque chose qui n'a jamais pu être réparé. Je me suis alors plongé comme un fou dans mes études. Je n'ai plus pensé qu'à la médecine. Et je n'ai plus jamais été capable d'écouter une note du *Concerto en mi mineur* de Mendelssohn.

Je ne crois pas que j'aurais jamais pu me marier avec une femme étrangère à mon passé, à ma jeunesse en Algérie, à ce pays où je suis né, où j'ai grandi, où je me suis construit et que j'ai dû quitter un jour avec ce sentiment confus qu'en réalité c'était lui qui me quittait.

Je crois que je n'aurais pas pu épouser une autre femme que Madeleine.

En tout cas, après elle, il n'y en a pas eu d'autre dans mon cœur, dans ma vie. C'est ainsi.

Bernard m'a écouté. Quand j'ai eu fini de raconter mon histoire, il a juste hoché la tête et s'est servi un verre.

Heureusement que je l'ai eu près de moi, cet homme bon, solide et bienveillant, surtout dans ces années de fin de siècle, de fin de millénaire même, qui allaient correspondre à une période déstabilisante, mouvementée pour moi.

Avec la décennie quatre-vingt-dix qui s'annonce, le temps de la remise en question se profile. Je peux en dater précisément le commencement : le vendredi 27 novembre 1987.

Le jour où mon père est mort.

Ce jour-là, comme tous les jours, après déjeuner, il a regardé le journal télévisé de treize heures, puis il est allé s'allonger. Et il est mort. Ma mère l'a découvert sur le lit. Elle a immédiatement appelé mon frère Pierre qui, avant de me prévenir, a alerté le Samu ; il était trop tard de toute façon. J'étais sur le point de partir faire une visite urgente quand le téléphone a sonné à la maison. J'y suis quand même allé, en pleurant dans ma voiture. À mon retour, presque deux heures plus tard, j'ai demandé à Yvonne d'annuler tous mes autres rendez-vous de l'après-midi. Je n'avais pas la force de le faire moi-même. J'ai seulement prévenu le docteur Arnaud, mon associé, de la nouvelle qui m'accablait pour qu'il assure à ma place la garde de ce week-end-là, jusqu'au mardi matin suivant. Chose qu'il a évidemment acceptée. Il me restait à mettre quelques affaires dans ma valise et à faire la route jusqu'à Montpellier.

Je suis arrivé à la villa de mes parents de nuit, en début de soirée. J'ai retrouvé, dans la salle à manger au rez-de-chaussée, Rémy, Pierre et ma mère, déjà attablés autour d'un dîner que personne n'avait vraiment envie d'honorer. Nous avons longuement discuté des modalités de l'enterrement avant de monter nous coucher. Où devait-il reposer ? Évidemment, là où il était né, soixante-dix-sept ans plus tôt, à Marvejols, en Lozère. C'est ce qu'il avait toujours dit à maman. Le lendemain matin, nous avons donc appelé un cousin qui vivait encore là-bas afin de lui demander de s'occuper de lui trouver une place au cimetière. Ce qui a été fait dans la journée.

Mon père est mort subitement. Une chute de tension fatale alors qu'il se reposait sur son lit. Depuis deux ans son état s'était progressivement détérioré. On lui avait diagnostiqué une atteinte dégénérative des noyaux gris centraux. Cette pathologie avait affecté les fonctions végétatives dont la régulation de la tension. Pendant ces deux années, Pierre s'était beaucoup occupé de lui, afin de soulager au mieux ma mère. Je suivais quant à moi l'évolution de sa maladie depuis Saugues. L'enterrement eut lieu trois jours plus tard, le mardi. Il faisait triste et froid lorsqu'une voiture noire quitta pour la dernière fois l'allée cimentée de la villa et passa le portail.

Des yeux gris-vert, le crâne rasé, un bon mètre soixante-quinze d'autorité naturelle. C'était mon père. Un homme à l'ancienne et comme on n'en fait plus. Jamais de démonstration d'affection à l'égard de ses enfants et pourtant il nous aimait, c'est sûr. Il était très présent à sa façon. Il avait toujours un œil sur nous, sur ce qu'on faisait, sur la façon dont on parlait ou dont on se comportait. Pas question de mal se tenir à table, pas question d'oublier un merci ou un bonjour. Il surveillait aussi de près nos résultats scolaires. Pour ce fils d'un couple de commerçants de Marvejols, l'école, c'était tout. Il avait eu ses deux bacs avec deux ans d'avance. Il aurait pu mener des études brillantes si un grave accident ne l'avait coupé dans son élan deux jours avant son concours à l'École coloniale. Une fois rétabli, il avait été appelé au service militaire et avait bifurqué ensuite vers l'administration territoriale. Enfants, mes frères et moi le craignions et, en même temps, nous l'admirions. Nous étions surtout frappés par le respect que les autres adultes lui témoignaient, que ce soient ses subalternes ou ses supérieurs, comme ses amis. Il était l'exemple de la rigueur et de la droiture.

Son souci permanent a été la protection des siens. Il a tout fait pour nous mettre à l'abri le plus vite possible de ce qui se passait en Algérie. En nous envoyant les uns après les autres en France. Travaillant avec l'armée dans les dernières années du conflit, il était conscient des dangers encourus par sa femme et ses enfants. Dès que moi, Rémy, puis Louis et Pierre avons pu nous retrouver à Montpellier dans l'appartement qu'il m'avait fait acheter dès 1960, il a été soulagé. Avec ma mère, ils ne sont partis qu'à la dernière minute, à la fin avril 1962. N'empruntant pas la voiture mise à sa disposition par l'administration, il partit, avec la complicité de l'armée, au petit matin, avant la levée du couvre-feu. Avec une valise pour seul bagage, ils sont arrivés dans la matinée à l'aéroport La Senia d'Orau pour embarquer à destination de Marseille. Ils sont partis sans prévenir personne, gardant le jour et l'heure de leur départ secrets. Mon père a averti ma mère seulement dans l'avion qu'elle ne reverrait plus l'Algérie, son pays natal.

En France, il lui a fallu tout reconstruire, prendre de nouveaux repères et même se refaire une carrière. Bien que fonctionnaire, il n'a pas eu tout de suite une affectation. On lui a même proposé un poste de consul qu'il a refusé. Tout ce qu'il a entrepris, tous les sacrifices qu'il a consentis pour notre éducation et pour nous permettre d'obtenir des situations stables, sûres et même enviables, n'avaient qu'un but : nous amener, nous, ses enfants nés, grandis en terre algérienne (où Européens, Arabes, catholiques, musulmans, juifs vivaient tous confondus dans une même humanité), à nous intégrer au mieux dans cette société française qui nous était si étrangère. Tant de codes nous échappaient à notre arrivée, et certains nous échappent encore.

Je me souviens de lui, trônant en bout de table, se prenant à chanter le *Veni Creator* de la Pentecôte pour faire venir le Saint Esprit, s'asseyant, mangeant à petites bouchées, citant saint Augustin avant de nous demander quelles pensées cela éveillait chez nous. Nous ne prenions la parole que si nous y étions autorisés, et mieux valait alors avoir quelque chose de pertinent à dire. Il menait la conversation sur un ton badin mais le propos était clairement de nous apprendre quelque chose. Sa culture était des plus classiques, mais immense et maîtrisée à la perfection. Au déjeuner, il pouvait aussi bien convoquer à table Tacite, Sénèque que quelques grandes figures de l'histoire politique française qu'il connaissait sur le bout des doigts. Il éprouvait un véritable plaisir à parler le patois lozérien, dont il connaissait non seulement les origines latines mais surtout les variations de tonalité selon les sites géographiques. Il avait publié quelques poèmes dans *Lou Païs*.

Il nous a nourris physiquement, intellectuellement. Il nous a habillés, logés, soignés, et puis formés pour nous préparer à nous lancer dans la vie.

Il est probable que le déracinement, l'exil, nous a tous unis, mais cette citadelle qu'a toujours été notre famille, c'est aussi l'œuvre de mon père. Il ne concevait pas l'existence sans une famille soudée à la manière des mousquetaires, « un pour tous, tous pour un ».

Il m'a transmis ça, à moi, l'aîné, ce devoir d'affirmer, par l'amour et l'affection, l'existence des Vieilledent et de perpétuer notre identité. Tous mes combats, c'est pour ma famille que je les ai menés et que je continue de les mener.

Ma famille, c'est le sens de ma vie. Je lui dois tout. Je lui rends tout.

11

Nouvelle ère

Un soir de semaine, j'écris au Premier ministre. Je vais rencontrer dans quelques jours un membre du gouvernement à un colloque en Corrèze et je lui remettrai en mains propres ma lettre. Il y a presque une heure, Yvonne a passé une tête dans mon bureau et m'a souhaité bonne nuit, comme à son habitude, avant de monter dans sa chambre. Il n'est pas loin de vingt-trois heures. Pour une fois que j'ai un peu de temps libre, je veux terminer ce courrier. J'y interpelle mon ministre au sujet des soins à domicile. Encouragé et développé à l'échelle nationale à partir de la fin des années quatre-vingt, ce service permet à bon nombre de malades d'éviter l'hospitalisation et l'éloignement familial qu'elle implique, tout en profitant de soins adaptés. Une formidable avancée pour les populations en zone rurale. Seulement, sur le terrain, je constate que les infirmiers et agents de soin manquent manifestement de formation quant aux normes d'hygiène à respecter.

Depuis quelque temps, je relève chez certains de mes patients, traités pour des pathologies très différentes, des lésions cutanées ou des affections pulmonaires, voire urinaires, qui ne laissent aucun doute sur leur origine : c'est l'œuvre d'un staphylocoque. Il n'y a qu'une explication à cette propagation : dans la chaîne des soins, quelqu'un oublie de se laver les mains. Ce n'est pas moi. Restent les infirmières ou les aides soignants qui passent, comme moi, de maison en maison. Si une infirmière lave un ulcère variqueux à Thoras, puis s'en va à Combret procéder à une intraveineuse sans se laver les mains avant et après les soins, ou sans mettre de nouveaux gants avant de s'occuper d'un patient, il y a une forte probabilité qu'au cours de ses pérégrinations elle récupère un germe, qu'elle va allègrement transporter avec elle de malade en malade, multipliant les risques de contamination… Dans ma lettre, j'explique ce que je vois. J'alerte sur le fait que, si cela se produit dans mon canton, il y a de fortes probabilités que cela se passe de la même façon ailleurs. Je m'insurge à propos du fait qu'il n'existe aucun système de contrôle ou de surveillance des agents de soin lorsqu'ils exercent à domicile. J'avance l'idée qu'on devrait les soumettre régulièrement à un rappel des gestes d'hygiène de base.

Évidemment, mon courrier, sans doute tombé dans la poubelle d'un secrétariat quelconque, restera sans réponse. Pas même un mot automatique, à en-tête du ministère, pour en accuser réception. Ce sujet est pourtant une vraie question de santé publique. D'ailleurs, le phénomène des maladies nosocomiales en milieu hospitalier, dont on a beaucoup entendu parler au début des années 2000, est directement lié à ce type de négligences. Aujourd'hui, les messages de mobilisation pour le port de masques, de gants, le lavage systématique des mains sont devenus omniprésents, mais que de temps perdu pour ce qui aurait dû, de tout temps, être un réflexe !

Je serai confronté à un nouveau pic épidémique sérieux, dû à un comportement peu précautionneux, en 2010, juste avant ma retraite. Cette fois, ce sera, curieusement, la coqueluche. L'ensemble des résidents de la maison de retraite, ainsi que le personnel soignant et administratif seront concernés. Tout partira d'un patient, de retour d'une longue hospitalisation au Puy-en-Velay où, sans le savoir, il avait contracté la maladie. L'aide soignante qui va s'occuper de lui ne se méfiera pas de sa toux. Par simple contact avec les postillons de notre résident infecté, elle va contracter le bacille, devenir porteuse et, en passant de chambre en chambre, elle le disséminera à son tour, sans s'en douter. Le port d'un masque aurait suffi à enrayer l'épidémie. Cette coqueluche aurait pu avoir des conséquences catastrophiques sur une population de personnes âgées. Mais c'est une autre histoire…

Depuis que je ne suis plus maire, j'ai la pleine jouissance de mon cabinet, puisque le docteur Arnaud s'est installé de son côté, dans un autre quartier de Saugues. Je suis donc à nouveau seul et j'ai quasi retrouvé le rythme de travail qui était le mien avant mon aventure politique. Dès 1991, la plupart de mes anciens patients qui m'avaient quitté durant cette période me sont revenus. Je suis à plus d'une vingtaine de consultations par jour et dix à douze visites.

Cette même année, j'ai décidé de me représenter au conseil général pour la troisième fois. Je me sens de plus en plus légitime dans ce rôle et je ne me vois pas renoncer alors que j'ai le sentiment de pouvoir apporter encore quelque chose à mon canton. J'ai été réélu. Facilement, je dois dire. Je prends alors du galon en devenant président de la commission des Finances et des Marchés. Deux missions importantes puisqu'elles concernent le nerf de la guerre, l'argent. Les sommes sont considérables, notamment lorsqu'il s'agit de projets routiers, ma marotte, moi qui passe ma vie à faire des kilomètres dans tous les sens. Cela remplit mon agenda les week-ends et le soir. Quand je ne suis pas de garde ou appelé nuitamment chez un malade, je peaufine mes dossiers et je rédige mes discours, avec l'aide d'Yvonne qui, avec gentillesse, fait alors office de secrétaire et me tape mes textes. C'est que, lors de la présentation des comptes, trois fois par an, la presse est là. Et j'ai la pression. Je sais que mes propos sont susceptibles d'être repris. Donc je suis particulièrement vigilant sur les mots que j'emploie, lisant, relisant, re-relisant tout ce que je dois dire avant chaque présentation. Pas question que mes paroles soient mal interprétées. Et Jacques Barrot, mon président, est exigeant.

Ainsi la vie continue, presque comme toujours. Sauf qu'au fond de moi l'idée de partir, de quitter Saugues, de prendre ma retraite est en train de mûrir. En 1999, j'aurais soixante ans. C'est dans quatre ans, autant dire demain. Forcément, j'y pense.

Mais pour l'heure, j'assiste à la fin d'une époque.

D'abord, il y a la fermeture définitive du centre médical. Mon idée de donner à Saugues en 1974 une unité de soins de proximité ne survit pas au départ en retraite du radiologue. Déjà, les services proposés s'étaient réduits comme peau de chagrin ces cinq dernières années, puisque l'infirmière, le dentiste et le kiné avaient successivement décidé de quitter l'association pour ouvrir leur cabinet en indépendants, à Saugues ou ailleurs. L'immeuble de la rue Castelviel était devenu trop grand. Il a fallu trouver un nouveau local pour réinstaller le cabinet de radiologie et le bureau de l'assistante sociale. Mon confrère radiologue a assumé sa charge jusqu'à son départ en retraite. Ensemble, nous avons conjugué nos efforts pour tenter de lui trouver un remplaçant, en passant des petites annonces dans des revues médicales, en alertant l'Ordre des médecins de la Haute-Loire pour que l'information soit relayée de ce côté-là aussi, mais sans succès. Il faut dire que les techniques d'imagerie médicale ont tellement évolué en dix ans, se sont tellement perfectionnées, sophistiquées qu'aucun radiologue que nous contactons ne veut, ne peut assumer seul le coût de l'investissement. Et Saugues n'a pas les moyens de mettre la main au pot pour aider un jeune spécialiste à s'équiper et à s'installer. L'expérience s'arrête donc là. Et pour tout dire, je le prends un peu pour moi. C'est un petit échec. C'était mon idée, je rêvais qu'elle soit pérenne, qu'elle se poursuive et même se développe bien après moi. Elle aura duré vingt ans. Je n'arrive pas à me dire que ce n'est déjà pas si mal.

Pour mes patients, cette fermeture signifie devoir à nouveau se rendre au Puy-en-Velay par leurs propres moyens ou en ambulance pour effectuer un scanner, une IRM, une échographie... De mon côté, je recours de plus en plus souvent à ces techniques complémentaires, car il faut bien reconnaître qu'ils sont précieux pour poser un diagnostic. En soi, c'est une révolution. Avec ces avancées majeures, qui n'ont cessé d'évoluer au cours des vingt dernières années, associées au perfectionnement des techniques d'analyses médicales, nous avons la possibilité d'être toujours plus précis sur le type ou le stade des maladies. Nous pouvons même les détecter bien plus précocement qu'avant. Et c'est la façon même d'exercer la médecine qui change !

Avant, je n'avais que mes yeux, mes oreilles et mes mains pour travailler. Ce n'est plus le cas. Et cela tombe très bien, car le paysage des pathologies a également changé depuis la fin des années soixante. Et de façon spectaculaire. Même les traumatismes ne sont plus ce qu'ils étaient lorsque j'ai commencé à exercer ! Il n'y avait pas autant d'accidents de voiture. Il n'y avait pas non plus autant de blessures dues à l'utilisation de matériel de bricolage, telles les tronçonneuses. À la campagne, il y en a dans toutes les fermes maintenant. Je prends ces exemples simples pour souligner que, désormais, le corps est le siège de blessures et de fractures bien plus graves et aussi plus fréquentes qu'avant. Les traumas crâniens, les perforations pulmonaires, les doigts sectionnés sont courants. Heureusement que la chirurgie a elle aussi formidablement évolué en parallèle ! Je me rappelle qu'a eu lieu, dans mon cabinet, une intervention sur un patient qui venait d'être encorné à l'abdomen par un taureau et dont on voyait la paroi supérieure du foie. Heureusement aussi que je n'ai plus besoin de prendre ma voiture pour conduire toutes affaires cessantes un accidenté à l'hôpital : depuis 1986, le département de la Haute-Loire a son Samu, enfin ! Il y a aussi plus d'hélicoptères pour les évacuations délicates. Face aux situations d'urgence, je ne suis donc plus le seul recours, ce qui me soulage.

Autre fait notable, et angoissant, en cette fin de millénaire : l'expansion de nouvelles pandémies. En commençant par les maladies infectieuses, comme le Sida. Cette pathologie a profondément fait évoluer le rapport patient-médecin. Pour la première fois en effet, les patients ont commencé à réclamer des droits, une attention et une considération nouvelles de la part du corps médical. Presque un partenariat. C'est aussi l'une des premières fois où je me suis senti impuissant. Et cela a été douloureux.

Et puis, bien sûr, il y a eu l'explosion, dans les dix années précédant mon départ, des cas de cancer, des maladies cardio-vasculaires et neuro-dégénératives, type Alzheimer. L'émergence de cette pathologie va avoir un impact considérable sur l'équilibre familial qui prévalait depuis des générations en Margeride.

Longtemps, les gens d'ici ont vécu en gardant chez eux leurs aînés. Seulement, avec Alzheimer, tout change. Quand une personne en souffre, elle ne perd pas que la mémoire, la notion de ce qu'elle est, de ce qu'elle fait, elle fugue, devient de plus en plus dépendante, parfois même très agressive. Dans ces conditions, il est difficile pour les familles de la garder à la maison. Combien de fois ai-je dû m'occuper, pour des personnes débordées par la situation, du placement de leur grand-mère ou de leur grand-père dans un établissement spécialisé !

De mon côté, évidemment, tout a changé aussi. Je ne suis plus le médecin référent pour ce type de patients. Lorsque je soupçonne la maladie, je les oriente immédiatement vers un psychiatre. C'est lui qui fait passer à la personne les tests pour infirmer ou confirmer le prédiagnostic que j'ai pu établir. Et si la maladie est confirmée, c'est alors le psychiatre qui suit le malade et qui lui prescrit ses médicaments. Dans ce contexte, je n'interviens plus que pour effectuer des renouvellements d'ordonnance, éventuellement. Je deviens un médecin secondaire, qui n'agit qu'en soutien du spécialiste. C'est également ce qui se produit pour les maladies cardiovasculaires, et plus encore pour les cancers. Ces cas m'ont fait sentir mes limites et à quel point j'étais démuni : je pouvais diagnostiquer le mal, mais je n'avais rien à proposer. Le médecin de campagne n'a pas accès à tout l'arsenal thérapeutique adéquat. C'est à partir de ce moment que les médecins spécialistes sont devenus des interlocuteurs incontournables dans ma pratique quotidienne.

Nourrir un réseau de bons praticiens spécialisés faisait déjà, et depuis longtemps, partie de mon travail. J'ai des contacts au Puy-en-Velay, bien sûr, mais aussi à Clermont-Ferrand, Saint-Étienne, Lyon… Garder une liste à jour, la renouveler, la consolider, va devenir un véritable sport, car on va aussi assister à un boom des spécialités médicales, donc des spécialistes. C'est un phénomène tout à fait flagrant à l'hôpital. Aujourd'hui, la liste des services à l'entrée des établissements hospitaliers est longue comme un jour sans pain. Alors que, à l'époque où j'étais en internat dans mon hôpital de Montpellier, on pouvait encore les compter sur les doigts de la main.

J'essaie de savoir quel établissement est le meilleur pour telle pathologie. La difficulté est d'évaluer vers quel spécialiste envoyer mes patients. Quel est celui qui sera à la fois le plus à l'écoute et le plus efficace ? Ces deux qualités ne se retrouvant malheureusement pas toujours dans la même personne… Je sais comment les choses se passent.

Le plus souvent, quand j'adresse un de mes patients à un confrère expert (en règle générale en ayant pris moi-même rendez-vous ; c'est toujours un peu intimidant d'appeler le « spécialiste »), ce dernier reçoit la personne, mais, au vrai, ce n'est pas elle qui va retenir son attention, mais sa pathologie, son « cas ». C'est ça qu'il va traiter sans vraiment s'intéresser, comme peut le faire un médecin comme moi, à sa famille, à son mode de vie, à son environnement.

Il se fichera de savoir que le malade qu'il a entre les mains vit mal sa séparation d'avec sa femme ou qu'il est stressé car très endetté. Et ce n'est pas mon patient qui va s'épancher sur ses problèmes devant un étranger. Question de pudeur. Et puis il y a l'embarras d'« embêter le professeur avec quelque chose qui n'a rien à voir »... Or non, ajouter une souffrance à une autre n'aboutit jamais à un résultat positif. S'exprimer sur ce qui ne va pas, quelle qu'en soit la cause, peut faire une différence dans la façon d'aborder une pathologie grave et dans la manière dont on va supporter un traitement, surtout si celui-ci s'annonce pénible. Alors, c'est auprès de moi que les patients viennent se plaindre, se confier sur la difficulté qu'ils ont à supporter leur médication, les contraintes des protocoles, ou à créer un lien avec leur spécialiste... J'ai toujours regretté l'absence de vraie coopération entre eux et nous, les médecins de terrain. Je crois toujours que cela permettrait une meilleure prise en charge des personnes que nous accompagnons les uns et les autres.

En défendant cette idée, j'ai l'impression de faire figure de gentil utopiste alors que cela me paraît relever du pur bon sens. Chacun a sa façon de réagir face à sa pathologie. Nous, médecins, ne pouvons en faire abstraction. Nous avançons dans l'inconnu. Comment va-t-il prendre tel mot ? Tel examen que nous allons lui demander de faire ? Le langage que l'on tient est important. Il ne doit jamais être systématique. On ne s'adresse pas de la même façon à quelqu'un qui ne maîtrise pas bien la langue et à un professeur d'université. C'est l'évidence. Il y a dans la relation qui se noue une large place laissée au feeling. Et, sur ce terrain-là, je crains que tous les médecins ne soient pas pourvus du même capital d'intelligence de situation ou d'empathie. Quand on arrive à être en communion d'esprit avec son malade, c'est gagné. Alors on sait qu'il repartira du cabinet avec l'idée que son médecin l'a compris. C'est un premier pas thérapeutique majeur !

Dans le courant de l'année 1997, je reçois un courrier de la Caisse primaire d'assurance maladie. Je suis convoqué à une réunion au sujet de la télétransmission des actes médicaux dont on entend déjà parler à intervalles réguliers depuis plusieurs années. Apparemment, c'est pour maintenant. Évidemment, notre chère administration a programmé cette session d'information en plein après-midi et, pour que ce soit encore plus pratique, à l'autre bout du département. Je parviens malgré tout à m'organiser pour me libérer. Ce sera l'une des seules auxquelles j'assisterai. J'y ferai une rencontre déterminante et déstabilisante avec ce qui reste encore aujourd'hui ma bête noire : l'ordinateur. Je découvre que c'est par cet engin que tous mes actes devront transiter incessamment sous peu. Le progrès soi-disant. Le message que je retiens de cette séance d'information, c'est qu'il faut que nous nous informatisions tous, mais sans attendre aucune aide de notre administration de tutelle. Qu'on se débrouille pour s'équiper !

Ce jour-là, j'ai l'occasion d'approcher un ordinateur. Mais d'emblée, je ressens une espèce d'hostilité de sa part, et un blocage de la mienne. Tout ce que je peux en saisir, c'est qu'en jouant habilement avec le clavier, on arrive à obtenir une image sur l'écran.

Je rentre à Saugues perplexe et sceptique sur la nécessité de me conformer à cette nouvelle exigence. Je vais bientôt partir à la retraite, l'investissement en vaut-il la chandelle ? Seulement, à partir de 1998, la carte Vitale se généralise. Chacun en a une. Dans un premier temps, faisant fi des courriers répétés de la Sécurité sociale m'enjoignant de recourir à la télétransmission, je continue à employer les feuilles de soin et à lui envoyer la paperasse habituelle.

Comment faire pour me sortir de ce que je considère être un traquenard ? Le hasard faisant bien les choses, c'est au moment où je me sens acculé qu'au cours d'une consultation une de mes plus fidèles patientes me parle de son petit-fils. Il termine des études d'informatique et, à la grande satisfaction de sa grand-mère, vient de commencer un stage au Crédit agricole. Au mot « informatique », je bondis :

– Ma chère Marie-Thérèse, si vous saviez comme je vous envie d'avoir dans votre entourage un expert en informatique ! Ça me serait bien utile !

Très aimablement, Marie-Thérèse me propose de m'envoyer son petit-fils. Je n'en demandais pas tant.

– Mais si, mais si, il va vous aider.

Rendez-vous est rapidement pris. Le jeune homme passe à la maison un samedi après-midi. Immédiatement, il se rend compte, non seulement de l'étendue de mon ignorance dans son domaine, mais aussi de ma panique à l'idée de devoir en passer par un ordinateur pour travailler. Il me propose alors une alternative miraculeuse. Le Crédit agricole peut me fournir un sabot, identique à celui qu'on utilise pour régler ses achats par Carte bleue. Il suffit simplement d'y glisser la carte Vitale, de composer un code, d'appuyer sur le bouton vert pour valider et hop ! les données sont immédiatement transmises à la Sécurité sociale. La technologie telle qu'elle devrait être. Simple, sans complication. J'opte pour le sabot et n'aurai pas d'autre outil électronique sur le bureau de mon cabinet jusqu'à mon départ en retraite.

Néanmoins, vivant sur cette planète et constatant au fil des ans que la révolution Internet poursuit sa marche irrémédiable et que son avènement est inéluctable, je vais essayer à plusieurs reprises de dépasser mon blocage et de dompter ma bête noire. Une véritable campagne de Russie dans laquelle je vais entraîner Yvonne. Je demande l'aide d'un expert qui habite à côté de chez moi : le directeur de l'école privée de Saugues. Pendant tout un trimestre, en plein hiver, Yvonne et moi irons, une fois par semaine, parfois en bravant la neige et la burle glaciale, à son bureau du collège de la Présentation. Là, le brave homme tentera tout pour nous faire comprendre le fonctionnement d'un ordinateur et les subtilités du Web. Sans succès… Yvonne et moi n'y gagnerons qu'un bonnet d'âne bien bâté.

La carte Vitale aura deux effets sur mon quotidien. D'abord, je vais me sentir fliqué, puisque tous mes actes seront transmis en quasi-temps réel à la Sécurité sociale. Pour le patient, ce nouveau gadget à ranger dans son porte-cartes offre un nouveau confort : plus besoin de se poser la question de savoir s'il a les moyens de payer la visite. Mais du coup, il va aussi et très rapidement perdre toute idée de la valeur de l'acte médical. On entre dans l'ère du « j'y ai droit ». Avant, les patients s'excusaient presque de vous déranger avec leur petit rhume, même si cela s'avérait être une pneumonie. Dorénavant, ils n'hésitent plus à consulter pour un oui, pour un non. Je recevrai ainsi des gens qui profiteront des dimanches matin, les week-ends où je suis de garde, pour toquer à ma porte, comme ça, juste pour faire renouveler leur ordonnance.

Munis de leur petit sésame de plastique vert, beaucoup se sentent également autorisés à tout demander, à exiger même. Auparavant, un médecin réfléchissait avant de prescrire un scanner ou une IRM. Il fallait joindre un cabinet, prendre sa voiture, partir une bonne partie de la journée. Tout le monde était conscient que cela avait un coût. Aujourd'hui, ce sont les patients qui réclament. Ils ont la carte Vitale, ils y ont droit, alors ils ne se gênent pas. Certains médecins disent oui, d'autres résistent, mais pas toujours et pas très longtemps si le patient insiste. Je crois que mes pairs ont eux aussi perdu le sens de la réalité avec ce petit objet.

J'ai connu des confrères qui profitaient de ce système pour gagner plus d'argent à la fin du mois. Comment ? En faisant revenir plusieurs fois les patients. Facile, on laisse partir le malade avec une prescription pour un premier examen et on lui demande de repasser. On l'envoie alors passer un examen complémentaire et on le revoit pour ça... Ça peut durer ! Et dans l'intervalle, on encaisse chaque fois vingt euros.

Pourtant, il a toujours été spécifié que cette carte n'était pas un moyen de paiement, ni un crédit illimité, mais on a prêché dans le désert ! C'est exactement ce qu'elle est devenue aux yeux des gens et des médecins eux-mêmes qui ne se rendent plus compte de ce que coûte un examen médical : vingt euros, cinquante ou deux mille ? Si la Sécurité sociale accuse un déficit chronique depuis quinze ans, atteignant 12,5 milliards d'euros en 2013, j'ai comme l'impression que l'introduction de la carte Vitale n'y est pas tout à fait pour rien.

Aujourd'hui, c'est tout le système de remboursement des soins qui est remis en cause, et chacun se renvoie la balle. La Sécurité sociale accuse les médecins d'être au mieux complaisants, au pire d'utiliser tous les moyens imaginables pour en profiter, en se lavant les mains de l'argent que cela peut bien coûter (je pense en particulier à ceux qui pratiquent les honoraires libres). Les patients eux en veulent à la Sécu, et, en tant que contributeurs du système d'assurance santé, ils deviennent aussi plus exigeants à son endroit.

Je n'ai pas la solution au problème. Je constate juste que la situation est aujourd'hui bloquée. Mais une chose est claire : dans cette partie de billard à trois bandes, on ne peut pas mettre en cause le patient. C'est un statut qu'il ne choisit pas. La maladie est une injustice. Elle lui tombe dessus. Il a besoin d'avoir la garantie d'être soigné, et le mieux possible.

J'entre dans le troisième millénaire avec l'idée que je fais partie d'un monde révolu. Que le métier que j'ai embrassé, il y a quarante ans, avec mon âme, avec tout mon cœur, n'existe presque plus. Il s'exerce avec d'autres contraintes, d'autres codes, d'autres moyens. Je me demande même si le médecin généraliste existera encore dans trente ans !

Déjà, il est possible de faire seul, chez soi, un électrocardiographe avec un Smartphone, grâce à une application qui enregistre l'activité cardiaque et transmet les informations recueillies par SMS ou e-mail directement à un cardiologue. Bientôt, le patient pourra lui-même poser des électrodes sur son thorax et envoyer des données à son spécialiste, qui déterminera, en fonction des résultats reçus, si le patient souffre d'un trouble cardiaque. En 2005, j'avais été démarché par un représentant d'une société qui commercialisait ce genre d'objets. Un gadget en fait, car je n'ai jamais réussi à faire fonctionner l'engin qu'on m'avait laissé à titre d'essai. Mais il y a déjà des entreprises qui se positionnent sur ce marché. Un jour, un produit fiable et agréé existera bel et bien.

Récemment, j'ai vu à la télévision un reportage vantant le télédiagnostic du mélanome. Il faut encore se rendre chez son généraliste, qui prend lui-même en photo les grains de beauté ou les taches suspectes de la peau, avant d'envoyer ces clichés *via* son téléphone portable à un dermatologue à plusieurs dizaines, voire centaines de kilomètres. Ce dernier décide alors s'il est recommandé ou nécessaire d'adresser la personne à un dermatologue pour pratiquer un examen plus approfondi.

Mais peut-être que, grâce à Skype, on pourra bientôt avoir rendez-vous dans son salon avec son dermatologue qui sera, par écran interposé et en direct, en mesure de faire ce genre d'évaluation en regardant la peau du patient filmée *via* sa webcam. Grâce à l'image, il pourra dire si telle tache est un psoriasis, par exemple. Dans ce cas, il prescrira immédiatement par e-mail du Locapred. Aussi simplement que cela !

Et pourquoi ne pas imaginer la création d'un logiciel reproduisant le questionnaire d'une consultation ?

Au train où vont les choses dans l'univers 2.0, on peut même penser à la création de logiciels à télécharger pour que les gens s'autodiagnostiquent !

Après tout, il existe bien aujourd'hui des sites qui permettent d'obtenir en ligne des conseils juridiques et légaux, d'avoir accès à des plateformes où des pools d'avocats répondent en temps réel à toutes les questions posées par les abonnés. Le jour où des médecins passeront leur journée à examiner à distance des cas soumis par des internautes est-il si lointain que ça ? Ma génération est réfractaire à cette façon de procéder, mais les jeunes, qui sont nés avec une souris dans une main et un téléphone portable dans l'autre, vont sans doute trouver cette façon de faire tout à fait naturelle.

La puissance des ordinateurs est telle qu'ils sont capables de trier, brasser, croiser, intégrer des millions de données. On peut donc envisager d'élaborer des questionnaires hyperprécis, alliant le son et l'image. Avec des logiciels performants et des médecins en bout de souris pour valider, il ne sera plus nécessaire, un jour prochain qui sait ?, de se rendre chez un généraliste. On pourra passer à la case du spécialiste directement, en ayant pris rendez-vous par ordinateur ! Tout paraît possible aujourd'hui.

Mais cette perspective me fait quand même froid dans le dos.

Entre un malade et son médecin, ce qui vient en premier, c'est le dialogue. Il a mal, il souffre, il ne sait pas pourquoi et, à la limite, il s'en fiche. C'est une foulure, une migraine, une maladie des os, un phlegmon… Il ne veut qu'une chose : qu'on le guérisse. Il ne vient pas chercher le savoir du médecin, il vient chercher auprès de lui une solution à son dysfonctionnement.

Imaginons qu'on puisse taper « diagnostic.com ». De l'ordinateur sort une voix numérique qui vous enjoint de répondre à un questionnaire s'affichant sur l'écran. Vous renseignez les demandes : nom, prénom, âge, sexe, poids, antécédents médicaux, familiaux, etc. Mais imaginons que vous vous êtes cassé la figure dans votre jardin, l'ordinateur vous interrogera-t-il sur d'éventuels cas de maladies neurologiques dans votre famille ? Vous demandera-t-il où vous avez mal ? Depuis quand ? Ce qui s'est passé ? Dans le cas d'une chute dans votre jardin, vous demandera-t-il de préciser les circonstances ? Par exemple si c'est parce que vous avez voulu sauter d'un coup trois marches de l'escalier descendant au potager ? Et pourquoi avoir fait ça ?

Ça m'étonnerait que l'ordinateur pose cette question, alors qu'un médecin le fera. Et dans l'établissement du diagnostic, cela peut-être primordial. Rien n'est un détail. On peut manquer l'essentiel si on n'approfondit pas les choses, même celles qui semblent les plus anodines. Les gens qui nous consultent n'ont souvent pas la présence d'esprit de nous donner certains éléments, parce qu'ils oublient, parce qu'ils pensent que ce n'est pas important ou que cela n'a aucun lien avec ce qui les amène.

Erreur.

Combien de fois aurais-je pu passer ainsi à côté de pathologies très graves si je n'avais pas été très à l'écoute de ce qu'on me disait. Et aussi attentif à certains détails comportementaux.

Je repense à cet instant à mon ami Robert E. Un homme que je porte dans mon cœur, lui et sa famille dont j'étais le médecin.

Un homme dont j'aimais la présence, la nature et le caractère. Un maçon dur au travail, discret, humble et généreux. Nous nous appréciions depuis des années mais je ne l'avais jamais soigné lui. Et puis un jour, il est venu sonner à ma porte.

Il est sept heures et demie du matin. En plein hiver. Une demi-heure avant l'ouverture du cabinet… Immédiatement, je me dis que, s'il est aussi matinal, c'est que ça ne pouvait pas attendre plus longtemps. Alors, je le fais entrer dans mon bureau.

– Que se passe-t-il ?

– Je n'y arrive plus. Je suis de plus en plus essoufflé. Hier, sur le chantier de la maison des Monestier, je ne pouvais rien faire sans être dans le rouge... Je crois que c'est mon cœur.

Le dialogue a continué. Je lui ai demandé depuis quand il ressentait cette gêne, comment il s'en était aperçu. En montant sur un échafaudage ? En portant une charge ? En fait, il y avait de tout ça, mais il a ajouté :

– Même me moucher me laisse hors d'haleine.

Ah.

Je lui ai alors demandé s'il toussait. S'il avait pris froid, vu l'époque de l'année... À l'examen clinique, je n'entends rien en écoutant ses poumons, pas de fièvre, le rythme cardiaque est parfaitement normal, la tension aussi. Nous continuons d'échanger. Et je décide une chose : lui faire faire immédiatement une prise de sang pour contrôler sa numération globulaire, et plus particulièrement ses globules rouges, sa glycémie, sa vitesse de sédimentation, sa créatinine, son taux de sodium et de potassium, bref l'analyse sanguine de base. Le résultat me parvient quarante-huit heures plus tard. Son taux d'hémoglobine est vertigineusement bas. Pas étonnant qu'il soit essoufflé à ce point. On se revoit.

Je lui demande s'il a remarqué des traces de sang dans ses selles. Il me répond que non. Je considère que cela ne veut rien dire. Il peut très bien y en avoir en si faible quantité que ce n'est pas décelable. Je veux en avoir le cœur net et l'envoie chez un spécialiste du système digestif afin de faire pratiquer une coloscopie. Celle-ci confirmera un saignement au niveau intestinal. Un phénomène ancien. Mon ami Robert a un cancer des intestins déjà bien installé. Un ordinateur aurait-il fait tout ce que j'ai fait pour établir ce diagnostic ? Un simple « non » ne suffit pas. On ne peut pas se contenter de réponses parcellaires. Reformuler des questions quand on n'a pas obtenu une réponse claire fait partie du job. Et puis il y a tout ce qui ne se dit pas, mais qui se voit, se ressent : le regard, les formules d'évitement, les mensonges par omission qu'on traque dans les hésitations, les petits moments de gêne… ou les contradictions. Cerner ce qui amène réellement un patient exige de l'attention, de l'écoute, du feeling. Un ordinateur en aura-t-il un jour ?

12

À bout de souffle

Ma mère était une personne pleine d'empathie et d'affection. Une femme dédiée à son mari, à ses enfants. Son royaume, c'était la maison. La parfaite femme d'intérieur. Elle savait tout faire. Je me souviens d'elle dans la cuisine de notre maison d'Aflou à l'époque où, en montant sur la pointe des pieds, les mains agrippées au bord de la table, j'arrivais enfin à voir ce qui se passait là-dessus. Je la regardais, toujours intrigué, opérer ce miracle qui consistait à battre de la crème dans une baratte pour obtenir le fameux beurre qu'on tartinait le matin sur nos tranches de pain. Elle était plutôt grande pour une femme de sa génération. Son visage constellé de taches de rousseur s'illuminait facilement, surtout quand elle souriait. Et elle souriait souvent. Autant mon père était réservé avec nous, autant elle était proche et tendre.

Elle est morte à quatre-vingt-trois ans, en 1999. L'année de mes soixante ans.

Depuis qu'elle était entrée en maison de retraite l'année précédente, je l'appelais chaque matin, rituellement. Nous parlions un quart d'heure, vingt minutes. Elle me racontait les petites choses de son quotidien. Nous échangions sur mes frères.

C'est une période de dispersion familiale. Rémy et Mireille ont quitté Montpellier pour reprendre une pharmacie à Saint-Étienne. Louis parcourt toujours l'Afrique, au gré de ses affectations. Quant à Pierre, il a perdu son travail au moment même de son divorce, en 1995. Il ne se remet ni de l'un ni de l'autre. Je veille du mieux que je peux sur lui, même si ce n'est pas toujours évident depuis Saugues.

Et puis il y a ce matin où le téléphone sonne dans le vide dans la chambre de ma mère. Je renouvelle l'appel. Maman ne décroche pas. Alors j'ai ce pressentiment qui ne me trompe que rarement quand il s'agit du pire. J'appelle immédiatement Pierre pour qu'il se rende sur place. Il trouvera notre mère sur son lit. Morte. Un infarctus dans son sommeil. Nous voilà d'un seul coup orphelins, mes frères et moi. C'est un sentiment pénible, angoissant, même à mon âge. Je le vis d'autant plus mal que le décès de ma mère arrive alors que je me sens plus que jamais cerné par la mort. C'est une décennie noire qui s'achève et je sais déjà que le nouveau siècle qui commence ne sera pas meilleur. À l'âge que j'atteins, on va plus souvent à des obsèques qu'à des baptêmes.

Cette triste période commence en 1992, avec le décès de mon deuxième adjoint. Une tumeur au cerveau va l'emporter en un an. Il avait à peine cinquante ans. C'est moi qui vais poser le diagnostic. Il sera suivi par un très bon spécialiste de ma connaissance. J'irai lui rendre visite très régulièrement, chez lui puis à l'hôpital. La dernière fois que je le verrai vivant, il pleurera et j'essuierai les larmes qu'il n'a plus la force de retenir. Je me vois encore à son chevet, je m'entends encore répondre à ses questions en faisant tout pour éluder la vérité…

– Georges, j'ai mal, me disait-il en posant une main sans force sur son ventre. Comment ça se fait ?

– Tu en as parlé à ton oncologue ?

– Non.

– Alors, je te conseille de le faire…

Je sais qu'il va mourir, je sais qu'il le sait. Mais je sais aussi qu'entre nous il est hors de question que ces mots soient prononcés. Parce qu'il n'attend pas de moi que je le fasse, et parce que je ne peux pas me résoudre à les lui dire.

Il sera le premier d'une longue liste d'amis dont je quitterai la chambre en me demandant combien de temps ils vont tenir. Le cancer est une confrontation brutale avec notre insignifiance et le symbole de la limite du pouvoir du médecin. J'aurai beau essayer de porter avec force, et toute mon énergie, le combat contre cette maladie, tenter de la diagnostiquer le plus tôt possible, je serai bien souvent dépassé. En silence, elle aura déjà fait son chemin, ne me laissant qu'un strapontin d'où observer sa progression jusqu'à sa victoire, et entre-temps assister à la dégradation des corps.

En 1995, c'est un homme que j'aime profondément qui disparaît. L'homme que j'avais élu dans mon cœur le père idéal. Quelque part en moi, de temps en temps, je l'entends encore me dire : « Ça ira, tu verras », avec ce ton rieur et ce léger défaut de prononciation qui m'enchantait tant. Lui est décédé d'une embolie pulmonaire à l'hôpital, dans les toilettes de la salle de consultation. Les suites d'une opération de la vésicule. Il devait avoir un trouble du rythme cardiaque et un caillot de sang s'est formé quelque part avant de remonter aux poumons.

Et puis, dans la foulée, c'est un autre de mes adjoints qui part d'un infarctus. C'est sa femme qui le découvrira, allongé de tout son long, par terre, derrière la porte de leur chambre à coucher, dans une attitude qui laisse supposer qu'il a tenté de chercher de l'aide.

Je pense aussi à mon ami Lucien, dont j'ai suivi la famille depuis mes débuts à Saugues, ou presque. Un agriculteur digne et humble. Un de ces hommes taiseux, droits, sincères, dont l'amitié vaut de l'or.

Un matin, je le trouve dans ma salle d'attente. Fait rare. Il vient pour un mal de ventre. Le connaissant, je sais que sur une échelle de douleur de un à dix, il doit être au moins à douze, sinon il ne serait pas venu me consulter. Dès ce premier rendez-vous, je pense à un cancer. Les examens le confirment. Le stade est avancé. Le protocole de soins sera costaud, il va l'encaisser sans se plaindre. Deux ans de chimio n'enrayent pas la maladie. Le cancer progresse irrésistiblement, se généralise. Il est condamné. Il refuse l'hospitalisation. Tout au long de son parcours, je suis là autant que mon emploi du temps me le permet. Je téléphone si je ne peux pas passer.

À chaque visite, je le vois s'affaiblir, maigrir, s'étioler. Sa fragilité me serre le cœur. Un jour, à l'heure du café, je fais un petit détour pour aller le saluer. Il est comme souvent à cette heure-là, dans la cuisine, assis dans son fauteuil près de la fenêtre. J'ai tiré une chaise pour m'installer face à lui, sa femme reste un peu en retrait, de l'autre côté de la longue table qui divise la pièce en deux. Le café est en train de passer, les secondes tombent mécaniquement de la pendule, personne ne parle durant un petit moment. Derrière la vitre, la rue, tranquille, déserte, où perlent une ou deux flaques d'eau. Il a plu abondamment dans la matinée. Lucien lève une main pour attirer mon attention, puis comme si c'était la chose la plus naturelle à dire à cette seconde, il lâche : « J'ai failli mourir… »

C'était il y a longtemps, durant la guerre d'Algérie. Il était alors sous-officier, encaserné dans un fort au beau milieu de l'Atlas. Il menait des patrouilles dans les villages, effectuait des missions de surveillance des populations et vivait comme ses camarades dans l'angoisse d'un guet-apens. Un soir, un villageois est venu voir son capitaine. Il lui a dit : « Il ne faut pas que Lucien reste. Il va y avoir un coup et il fait partie des cibles. C'est pour demain. » Le capitaine a fait ce qu'il fallait pour l'éloigner nuitamment. Ce qui s'est passé le lendemain au fort, Lucien ne m'en parle pas. Il s'adresse au pied-noir que je suis, il s'adresse à l'homme qui est né dans ce pays qu'il n'a jamais tout à fait compris, pour lui dire que, lui, le Français de France, le soldat, a dû la vie à un civil musulman, à un Arabe. Il n'a jamais pu le remercier, il n'a jamais su pourquoi cet homme avait fait ça pour lui. Il raconte et il est ému. Ce qu'il dit là, personne ne l'a jamais su, même pas sa femme et, en se tournant vers elle, il ajoute : « Si cet homme n'avait pas parlé, je serais mort depuis longtemps. Lui a réussi a me sauver… »

Elle a les larmes aux yeux, moi aussi. Je ne sais quel sens donner à cette confidence, je repars avec le sentiment qu'elle n'était ni gratuite ni sans suite.

Deux semaines après cet épisode, Lucien s'est pendu.

C'est là que j'ai compris. Ce qui était important, ce n'était pas ce qu'il avait dit cet après-midi-là, c'est justement ce qu'il n'avait pas dit. Sa confidence ne s'adressait pas au pied-noir, mais au médecin Georges Vieilledent, incapable de le sauver. Alors, lui a décidé que rien ni personne ne commanderait sa fin. Il a pris son destin en main. Sa confidence a été sa façon de me prévenir, mais avant tout de me signifier que je ne possédais pas le pouvoir de le guérir. Je crois que c'est ce message codé qui m'a le plus bouleversé. Et qui me remue encore chaque fois que je repense à lui.

En mourant, chacune de ces personnes me fait mal. Je souffre de les voir souffrir sans pouvoir y faire grand-chose. En devenant médecin, j'étais persuadé d'être armé pour soulager les autres. Ma certitude des débuts s'est émoussée au fil du temps, de mon expérience, de la réalité. Je savais en épousant cette profession que j'entrais dans une lutte permanente contre le mal, la douleur, et que ce serait un combat infini, sans victoire possible en définitive.

Mais je m'étais dit qu'en m'appuyant sur un bon diagnostic et une écoute attentive des malades, je pourrais gagner, non pas la guerre – impossible –, mais des batailles. Et pendant vingt ans, j'en ai gagné de belles en effet, de celles qui vous font marcher sur l'eau, qui vous donnent foi dans ce métier et dans vos capacités. Mais ces dernières années, j'ai enregistré trop de défaites. Je sens que je m'use contre plus fort que moi. Je perds des forces, de l'énergie à me sentir trop souvent débordé et impuissant.

C'est à une petite mort que je me résous dès cette période : celle qui consiste à préparer ma sortie. Peu avant le décès de ma mère, je commence à faire des démarches en ce sens. Ma première idée est de déposer une petite annonce dans les centres hospitaliers universitaires pour proposer la reprise de mon cabinet. Les week-ends où je ne suis pas de garde, je prends donc ma voiture et j'écume les internats de Nancy, Lyon, Montpellier, Marseille… Je laisse mes petits mots sur les tableaux d'affichage. Sans succès.

Au tournant des années 2000, surmontant mon aversion à l'encontre d'Internet grâce à la bienveillance d'amis, voire d'amis d'amis experts en 2.0, je commence à poster mes annonces sur des sites spécialisés. Sans grand résultat non plus. Ce qui me laisse perplexe. Je suis à la tête d'un cabinet florissant, au chiffre d'affaires et à la clientèle plus qu'enviables, et pourtant cela semble n'intéresser personne. Je n'imagine pas alors que le fait d'être situé dans un bourg de moins de trois mille habitants, perché sur un plateau aux confins de la Haute-Loire et de la Lozère, puisse être un handicap. Dans cette même période, où je désespère un peu, je rencontre au hasard d'un trajet en avion le doyen de la faculté de médecine de Clermont-Ferrand qui s'étonne que je n'aie pas eu l'idée de prendre des stagiaires. Il me propose donc de m'inscrire comme maître de stage dans son établissement. Ainsi je vais pouvoir profiter du vivier de ses internes.

Au cours des trois années qui suivent, des impétrants médecins viennent donc chez moi faire leurs armes sur le terrain pour une durée de six mois. Ce que je n'envisage pas, dans un premier temps, c'est la difficulté d'assurer la logistique. Dans une grande ville, il est facile à un étudiant de trouver un logement. Il peut déjeuner au restaurant universitaire. Mais, à Saugues, il n'y a rien de tout cela. Il faut donc que je m'organise pour prendre en charge mes étudiants. Certains seront en pension complète chez moi, d'autres rentreront chez un logeur ou chez eux le soir, ne prenant que leur déjeuner dans la cuisine d'Yvonne. Comme d'habitude, le fidèle soutien qu'elle a toujours été répondra présent. Elle acceptera ce travail supplémentaire avec la bonne volonté et la rigueur qui la caractérisent.

De mon côté, je leur ouvre les portes de mon bureau, je les embarque avec moi en visite. Je procède avec eux comme mes pairs le faisaient avec moi quand j'étais interne : je les laisse procéder à l'examen clinique et je décode avec eux l'observation des malades. Je leur demande leur avis, ce qu'ils feraient dans un cas ou dans un autre, et surtout je leur demande pourquoi. Ce sont des moments d'échange très riches et très stimulants, pour eux autant que pour moi. Cela me sort de ma solitude habituelle. Bien sûr, suivant les stagiaires, les choses se passent plus ou moins bien. Cela dépend des affinités évidemment, mais aussi du degré d'engagement avec lequel ces jeunes abordent cet apprentissage. Certains feront le service minimum, d'autres se montreront particulièrement motivés. De ceux-là, je me souviens parfaitement. Notamment de deux étudiantes qui se sont succédé chez moi et dont j'ai pu croire, à un certain moment, qu'elles ont été tentées de rester.

Il y a d'abord eu cette jeune fille, originaire de Saint-Flour, très consciencieuse, avec un bon contact auprès des patients, et n'ayant pas peur d'écumer la campagne. Mais elle a préféré se rapprocher de sa famille. Et puis il y a eu cette autre jeune femme, déjà mère de deux enfants, qui s'est montrée tout de suite extrêmement intéressée par la reprise de mon cabinet. Nous en avons parlé très rapidement et à plusieurs reprises. J'estimais son travail, son approche. Mais sa situation familiale, surtout la question de la scolarisation de ses enfants, l'a finalement convaincue de s'installer au Puy-en-Velay.

Au contact de ces jeunes, j'ai compris plusieurs choses. D'abord, l'état d'incertitude qu'ils partagent tous. Ils se sont engagés dans un cursus long, dont ils ne sont pas susceptibles de sortir avant l'âge de trente ans, dans le meilleur des cas. Quand on a vingt-trois ou vingt-quatre ans, pas facile de se projeter à cet horizon-là. Et puis rien ne leur dit qu'ils réussiront. Leur avenir dépend des concours qu'ils obtiennent. Prendre un cabinet à son compte plutôt que de choisir la filière hospitalière ajoute encore de l'incertitude : il faut pouvoir envisager d'exercer seul, avec toutes les contraintes administratives, financières, fiscales que cela inclut, et sans garantie de conserver ou d'acquérir une clientèle suffisante pour gagner sa vie.

Pour ceux qui sont déjà engagés dans une vie de couple, avec ou sans enfants, l'idée de reprendre un cabinet en milieu rural est presque rédhibitoire. Il faut bien dire qu'à Saugues on n'a pas la même vie sociale qu'en ville. Pas de cinéma, pas de théâtre, de salles de concert. Il n'y a que deux écoles et un collège où inscrire ses enfants. Lorsqu'ils rentreront au lycée, il faudra qu'ils prennent le bus scolaire ou qu'ils soient pensionnaires. Pour le conjoint, il n'y a aucune garantie de trouver un travail et encore moins un poste en rapport avec ses compétences.

Quant au médecin, il doit faire avec les moyens du bord : les urgences sont à quarante-cinq kilomètres, tout comme le premier centre de radiologie… Face à chaque cas, il faut accepter d'être seul. Seul à prendre sa décision, seul à devoir l'assumer. C'est une pression quotidienne. Tout ceci s'est conjugué pour refroidir un à un mes stagiaires.

Si, dans les premières années de ma quête du successeur idéal, je ne m'inquiétais pas trop de ne pas le trouver, ma perspective va changer à partir de 2008. À soixante-neuf ans, outre la lassitude mentale, je commence aussi à me rendre compte que, physiquement, cela devient dur de tenir le rythme qui est le mien depuis presque quarante ans. Et puis, surtout, il y a Pierre. Mon petit frère va avoir besoin de moi. Et je vais avoir besoin d'être au plus près de lui.

Un samedi où je lui rends visite à Montpellier à l'heure du déjeuner, la conversation finit par tomber sur sa santé. Depuis un an, il est suivi pour un problème à la vésicule biliaire, dont il a d'ailleurs été opéré afin d'en extraire un calcul. Mais ce qu'il me dit de ce qu'il ressent depuis quelques semaines me fait penser qu'il y a autre chose. À partir de ce moment-là, je n'ai plus qu'une envie : être présent pour lui, l'accompagner sur le difficile parcours qui l'attend. Je sens bien que c'est aussi son attente, même s'il ne me dit rien.

L'idée de quitter Saugues, de passer la main devient alors ma priorité. Je n'imagine pas une seconde que je pourrais échouer à trouver quelqu'un et, qui plus est, quelqu'un de bien pour prendre ma suite auprès de mes malades. C'est d'autant moins envisageable, qu'arrive à mon cabinet pour un stage de six mois un jeune homme au profil plus que prometteur…

13

L'impossible succession

D'entrée, je suis sensible à l'énergie de ce grand garçon assis en face de moi. Châtain foncé, ses cheveux courts laissent toute la place à un visage volontaire, ouvert. Des yeux plein de vivacité. Décidément, je le trouve sympathique ce nouveau stagiaire. Il s'appelle Mathieu. Il est en cinquième année de médecine à la faculté de Clermont-Ferrand. Nous venons de terminer de déjeuner et Yvonne nous sert le café au salon avant de s'éclipser. Elle remonte légèrement le radiateur en quittant la pièce. Cette maison a toujours été difficile à chauffer. L'hiver est un peu en avance. Il est déjà tombé quelques flocons. Mais en ce froid dimanche de novembre 2008, le soleil, dehors, est éclatant.

J'écoute Mathieu me raconter ses souvenirs d'enfance, et ses vacances passées dans la ferme de sa grand-mère, en totale liberté, à courir les forêts noires et mystérieuses du plateau de la Margeride pour y traquer les sauvagines avec ses cousins ou braconner la truite dans ses ruisseaux aux reflets d'argent, à boire à ses sources limpides, à se hisser au sommet de ces édifices naturels formés par l'amoncellement chaotique d'énormes pierres rondes et lisses, si typiques du paysage d'ici. Le garçon est presque un gars du pays. Sa mère est de Venteuges. Elle en est partie pour se marier avec un garçon de Clermont, employé chez Michelin.

En l'écoutant, je me dis que j'ai trouvé le stagiaire idéal, voire le candidat rêvé à la reprise de mon cabinet. Ce jeune homme connaît bien le coin, presque aussi bien que moi, et manifestement il l'aime. Il sait aussi parfaitement comment les gens d'ici fonctionnent, pensent. Il comprend leur vie. Lui-même a appris à soigner les bêtes, à conduire un tracteur, à faire les moissons. Son vécu lui donne un excellent avantage. Je verrai demain ce qu'il a dans le ventre et la tête, et surtout comment il se comporte avec les patients avant de me convaincre que je tiens mon successeur. Je ne m'inquiète pas vraiment, faisant confiance à mon *a priori* plus que favorable. Il a déjà une petite expérience de remplacement dans un cabinet de Clermont et a effectué deux stages successifs à l'hôpital, en pédiatrie et en gynécologie. Je lui donne rendez-vous à sept heures trente le lendemain matin. Il logera durant les six mois qui viennent chez sa grand-mère, mais je lui propose de prendre ses repas à la maison. Nous nous serrons la main là-dessus.

Yvonne vient le saluer. C'est elle qui referme la porte sur lui et, quand elle se retourne, nos regards se croisent. Nous nous sommes compris, ce Mathieu a tout pour plaire. Je sens qu'Yvonne va se faire un devoir de le chouchouter.

Dès les premières consultations, je vois qu'il a un très bon contact avec les gens. Rien n'est forcé, il s'intéresse à la personne qu'il a face à lui, il sait écouter. Je le trouve très scrupuleux dans l'examen clinique, attentif aux signes fonctionnels. Il affine bien son diagnostic et je n'ai pas grand-chose à dire sur ses prescriptions. Très vite, je m'attache à ce jeune homme. Sa première semaine n'est pas passée que nous nous tutoyons déjà. Je suis heureux de l'avoir avec moi pour passer l'hiver.

La neige reste mon ennemie. Depuis la disparition de Julien, je me débrouille tout seul. Après ma phase Golf Volkswagen, je suis passé chez Audi (comme d'habitude après avoir pris l'avis de mon frère Pierre, qui reste mon conseiller automobile de référence) et à un modèle disposant de toutes les dernières fonctions d'aide à la conduite, mais sur les routes glissantes on n'est jamais à l'abri de rien et je ne suis pas mécontent d'avoir un copilote à mes côtés.

J'apprends au cours de nos pérégrinations qu'il fréquente une jeune fille d'Aurillac. Apparemment, elle a un bon poste dans une grosse entreprise agroalimentaire du coin. J'ai l'impression que cela a l'air sérieux.

Les six mois passent vite. Au printemps, Mathieu repart à Clermont terminer son internat. Je prends de ses nouvelles régulièrement et lui propose de venir me remplacer en août, pendant mes congés. Il accepte volontiers. Les retours que j'entends sur lui me confortent dans l'idée qu'il a les bonnes cartes pour reprendre mon cabinet. Nous en avions discuté au cours de son stage. Il avait semblé intéressé. L'idée de s'installer à Saugues avait un sens pour lui. Il se sentait bien ici.

À la rentrée de septembre 2009, je lui fais franchement une proposition. Il se montre à la fois très enthousiaste et hésitant. Dans un premier temps, il me dit qu'il préfère aller au bout de son cursus avant de se lancer. Encore un an à attendre. Je patiente, je suis sûr qu'il va venir. Je fais encore appel à lui pour me remplacer deux ou trois fois. Il répond toujours présent et fait du bon travail en mon absence. Yvonne est aux petits soins pour lui, se mettant à sa totale disposition pour lui faciliter la tâche en mon absence. Je crois même qu'elle lui a parlé de rester six mois à son service, au cas où il reprendrait ma suite. Pour elle aussi, il n'y a pas de doute : il va venir.

Et puis, un jour où nous échangeons au téléphone, Mathieu me dit qu'il a été approché par un médecin d'Aurillac qui part à la retraite. Je fais le lien avec son amie qui est de là-bas. Son embarras me laisse penser qu'il y a du lobbying dans l'air pour qu'il s'installe dans la ville de celle qui ne va pas tarder à devenir sa femme. Je décide de passer à l'offensive. D'abord, je contacte son doyen à la faculté et je prends rendez-vous avec lui. Je veux le convaincre de m'aider à motiver son étudiant. Nous nous entendons très bien lui et moi et il se rallie à ma cause. J'ai aussi de mon côté un de ses oncles, ses tantes, certains de ses très bons amis.

Je ne m'arrête pas là : je mobilise le maire. Lorsqu'il me reçoit, je lui fais part du plan que je mûris depuis déjà quelques mois. Nous sommes quatre médecins qui ne rajeunissons pas. Mathieu représente une nouvelle génération, l'espoir que l'activité médicale perdure encore longtemps ici. Seulement, si on veut attirer ce jeune homme, il faut l'encourager à rester et l'aider à s'installer. Je propose au maire de l'exonérer de la taxe professionnelle pendant les cinq premières années. Je pousse un peu le bouchon en ajoutant que ce serait une bonne idée d'accompagner cette mesure d'une exonération de la taxe d'habitation. En allégeant sa fiscalité, on lui garantirait un revenu confortable. Je propose enfin au maire de rencontrer Mathieu pour qu'il lui « vende » lui-même sa ville et ses atouts.

Il accepte et je repars avec une invitation pour Mathieu pour le courant du mois de mai.

La réunion se tient le jour dit, dans le bureau du maire. Sont présents, également, mon ex-associé le docteur Arnaud, l'adjoint au maire, le représentant de l'Agence départementale de santé. Chacun est venu avec quelque chose à proposer : le maire avec un allégement des taxes locales, Arnaud se montre réceptif à l'idée d'envisager une association, voire de s'engager dans la création d'une maison médicale (une option que le docteur Arnaud comme les autres médecins de Saugues déclineront rapidement par la suite). J'ai réussi, quant à moi, à décrocher une promesse ferme d'emploi pour sa compagne dans une petite usine de conditionnement de champignons qui a ouvert sur le canton.

À l'issue de cet entretien, Mathieu demande encore un délai de réflexion. Je suis un peu estomaqué. Je lui propose de venir boire un café à la maison avant qu'il ne reparte à Clermont-Ferrand. Durant notre conversation, je comprends alors, sans qu'il me l'avoue, qu'il ne viendra jamais, que cette réunion n'a servi à rien. Il va quand même laisser traîner ce non-suspens plusieurs mois. Et malgré tout, durant tout ce temps, je vais vouloir espérer.

Au début de l'année 2011, un rapide coup de fil de sa part me confirmera que j'avais vu juste. Il a décidé de s'installer à Aurillac. C'est lors de cet ultime échange que j'apprends qu'il s'est marié six mois plus tôt. Je pensais que nous avions noué une relation amicale, mais apparemment je me suis trompé. Je raccroche un peu amer. J'avais passé trois ans à investir sur ce garçon, à parier la pérennité de mon cabinet sur lui, pour rien.

Ce qui me blesse le plus, c'est qu'il n'a même pas pris la peine de me donner plus d'explications. A-t-il finalement jugé que Saugues était trop petit pour lui ? Est-ce qu'il a eu peur d'exercer sous les yeux de sa famille et de ne pas assumer devant eux un échec ou une erreur un jour ? Est-ce que c'est sa femme qui l'a convaincu qu'Aurillac était un meilleur choix ? J'ai du mal à comprendre ce qui s'est passé.

Je le voyais se faire une belle vie ici. À la tête du plus gros cabinet du canton, il pouvait espérer une carrière dépassant le strict cadre médical. Il me semblait assez ambitieux pour assumer un parcours similaire à celui de Jean-Claude Simon, ou au mien, et se lancer dans la politique. Il avait le charisme, l'entregent. Il aurait pu aller loin, plus loin que moi. Se faire élire maire aurait été une formalité, mais il aurait pu aussi viser l'Assemblée nationale… Il en avait le potentiel.

Son refus est un échec terrible pour moi. Je m'en veux de l'avoir compris si tard.

Il ne me reste plus qu'à reprendre mon bâton de pèlerin pour tenter de trouver un successeur, même si je n'ai plus le même allant qu'il y a trois ans. Entre les amis que je vois partir un à un sans pouvoir y faire grand-chose, entre ce cabinet dont j'envisage la disparition pure et simple, après y avoir mis toute ma volonté, mon envie, ma vie durant quatre décennies, je ressens une lassitude vertigineuse, un abattement écrasant. Je suis cerné de toutes parts par une force inéluctable qui suscite en moi un écœurement mortifère. Néanmoins, je repars en quête d'une relève, parce que je ne veux pas laisser mes patients désemparés et seuls après mon départ. Je le leur dois.

Je recontacte le conseil de l'Ordre des médecins, sollicitant son appui pour m'aider à trouver quelqu'un, les facultés de Montpellier, de Clermont-Ferrand pour faire passer de nouveau mon annonce, en essayant de faire en sorte qu'elle ne se perde pas dans le fouillis des tableaux d'affichage ou dans les méandres d'Internet. Je me rends compte qu'en réalité la corporation médicale n'est pas intéressée par mon problème, qui est pourtant celui de nombre de mes confrères. On se plaint de la désertification médicale, mais la profession, du conseil de l'Ordre aux syndicats de médecins en passant par les professeurs à la faculté, se mobilise-t-elle pour encourager l'installation de jeunes médecins à la campagne ? Non. Tout le monde s'en fiche !

L'université forme des techniciens de l'anatomie, des cadors ès pathologies, des experts de la thérapeutique, mais elle ne s'occupe absolument pas de l'organisation territoriale du métier. Pas son domaine… Vraiment ? Ce serait pourtant un bon thème de cours ! La faculté ne s'interroge pas sur ce qui va advenir de ses étudiants au terme de leurs cursus. Pour elle, il n'y a toujours qu'une filière royale : la carrière hospitalière. En dehors de ça, point de salut. Ceux qui atterrissent ailleurs, et particulièrement en milieu rural, doivent faire avec l'idée qu'ils n'existent pas aux yeux de leur propre corps de métier. Qu'ils se débrouillent ! Avec ça, on ne se prive pas de noyer les courageux, qui tentent l'aventure d'ouvrir ou de reprendre un cabinet, sous une tonne de paperasse, d'autorisations en tout genre, de réglementations administrative, financière, fiscale… De quoi décourager les meilleures volontés.

Il faut bien le reconnaître : ma profession n'est plus attractive. C'est une vie de sacrifice, d'engagement. La satisfaction qu'on en tire n'est pas monétisable.

Elle est dans la reconnaissance, qui va jusqu'à l'affection, que l'on reçoit pour avoir été là quand il le fallait, pour avoir su comprendre un malade, pour avoir pris le temps d'accompagner une famille dans un moment délicat. Pour avoir su soigner, guérir. Il y a des liens qui se tissent, une humanité qui s'exprime qui valent tous les trésors du monde.

Est-ce que cela suffit aux jeunes médecins d'aujourd'hui ? Je comprends qu'ils rêvent de pouvoir prendre des vacances à Majorque ou Miami, d'offrir une belle maison à leurs enfants, de passer des week-ends auprès d'eux et des nuits complètes dans leur lit. Tout le monde ne peut faire le choix de se dédier corps et âme à son métier. J'en suis conscient. Comme je suis très conscient, aussi, que dans une civilisation où tout va très vite, il est difficile pour des jeunes gens de se lancer dans des études qui ne les feront accéder à la vie professionnelle qu'à partir de leurs trente ans… Et encore. Entre-temps, c'est beaucoup d'énergie et d'argent dépensés pour se former, sans garantie réelle d'arriver au bout du cursus. Sans garantie non plus d'avoir au final un juste retour de leur investissement de départ. Dans la situation actuelle, je considère que les futurs médecins, ou les jeunes qui démarrent, sont autant victimes d'un système qui part à vau-l'eau que les patients eux-mêmes.

Face à l'indifférence de mes pairs, j'essaie de ne pas me laisser gagner par le découragement.

Je continue mon chemin. Si une porte claque, il y a peut-être une fenêtre ouverte quelque part. Profitant, un soir, d'un cocktail organisé à l'issue de je ne sais quelle inauguration au conseil général, où le préfet est présent, je manœuvre pour avoir deux minutes en tête à tête avec lui afin de lui exposer mon problème. Il me renvoie immédiatement vers son directeur de cabinet pour prendre rendez-vous. Quelques jours plus tard, je suis au Puy dans le bureau du dit « dir cab », jeune énarque à la poignée de main ferme qui me reçoit obligeamment, mais en pensant à autre chose. L'entretien est assez bref ; il se défausse en me suggérant de m'adresser au sous-préfet à Brioude, « qui sera plus à même de vous soutenir. Du moins, espérons-le… ». Ce n'est pas tellement ce dernier mot qui me choque, mais celui qui vient après, au moment où nous nous quittons sur le pas de la porte : « Bon courage », me dit-il. Je reprends la route avec ça dans l'oreille, et un sentiment de grande solitude.

À Brioude, je me heurte, une fois encore, à un fonctionnaire qui ne m'accorde qu'une oreille distraite. Au fond, le message qu'on me fait passer au fur et à mesure de mes rencontres, c'est clairement : « Aide-toi, le Ciel t'aidera. » Je croise des gens qui n'ont en réalité pas la moindre idée de ce qu'est un médecin de campagne, de son quotidien et de son utilité.

En rentrant à Saugues, je me dis qu'en fait d'internes, ce sont les préfets, les sous-préfets et les doyens des facultés de médecine qu'on devrait envoyer en stage dans les cabinets des généralistes, surtout dans ceux des médecins ruraux !

Je réalise que personne ne s'intéresse réellement à la question de la désertification médicale qui n'est pourtant pas une préoccupation nouvelle. Déjà, en 1983, au moment où *Paris Match* m'avait suivi, le sujet était d'actualité.

Au niveau des mairies, les élus sont plus concernés. Ils savent que le départ d'un médecin constitue une raison de déménager pour certains habitants. Cela en décourage aussi bien d'autres de venir s'installer. Une incidence démographique qui a des conséquences directes sur l'équilibre économique. Cela fait moins de travail pour tout le monde, notamment pour les infirmières, les aides soignants, les pharmaciens, les kinés du village ou du bourg… À partir de là, un cercle vicieux s'enclenche. Le désert médical aboutit toujours au désert tout court.

J'entends aujourd'hui dire que des municipalités tentent de résoudre le problème en garantissant, sur les premières années tout au moins, un revenu minimum à un médecin qui s'installe, et en lui louant à un prix imbattable un cabinet, voire sa maison en passant. C'est une idée. Seulement, toutes les communes ont-elles les moyens de soutenir cette politique ? Pas sûr !

Mon problème de succession, nombre de médecins y sont confrontés en France. Et c'est le problème de centaines de milliers de Français qui, du jour au lendemain, se retrouvent sans solution de proximité face à la maladie qui leur tombe dessus, ou à l'accident qui les cueille sans crier gare. On les laisse dans un désarroi muet. L'État a des devoirs vis-à-vis de ses citoyens. Clairement, il y a là une carence, voire une faute, et je dirais même une honte. Et pourtant elle ne semble sauter aux yeux d'aucun responsable, que ce soient les politiques ou les représentants de l'autorité de santé.

Pendant quarante ans, j'ai répondu à tous les appels d'urgence. Aujourd'hui, il n'y a plus guère de médecins qui le font, parce qu'il n'y en a plus, ou parce qu'ils sont tellement débordés qu'ils préfèrent renvoyer les patients sur le 15, le Samu ou les urgences. On engorge les CHU d'un surcroît de travail qui pourrait être assuré par ailleurs. Et en plus, on sursollicite ces établissements alors que leurs budgets sont revus à la baisse, ainsi que leurs effectifs.

Le fait même qu'on ne trouve plus de médecins remplaçants en campagne au moment des vacances devrait alerter les pouvoirs publics locaux – du conseil général à la région –, comme les autorités de santé locales – de la Sécurité sociale à la Direction des affaires sanitaires et sociales. Mais non. Ce ne serait pourtant pas sorcier d'organiser un système de suivi et d'évaluation des besoins dans chaque département. Pourquoi ne pas tenir, deux ou trois fois par an, une réunion entre le préfet, les autorités sanitaires, les représentants des médecins, des mutuelles et des assurances du département afin d'évoquer la situation sur le terrain, de faire remonter les souhaits et doléances et tenter d'apporter des réponses là où pointe le risque d'un manque de personnel soignant, de médecins, là où on enregistre des problèmes de remplacement temporaire ou de départ à la retraite non compensé, ou encore un déficit de soins de proximité ? Anticiper les besoins n'est jamais du temps perdu.

Les ministères de la Santé et de l'Éducation nationale, dont dépendent les facultés de médecine, devraient aussi, à mon sens, collaborer étroitement afin d'adapter la formation des étudiants à la réalité du terrain. Quant aux conseils de l'Ordre dans les départements, je m'étonne de leur absence auprès de ceux qu'ils sont censés à la fois contrôler et soutenir : quand un médecin se déclare en difficulté, comment se fait-il qu'une telle institution n'envoie personne pour l'aider à trouver une solution ? Où est passée la solidarité dans notre métier ?

A-t-elle jamais existé au fond ?

9 mars 2012. J'ai soixante-treize ans. Je devrais être à la retraite depuis huit ans. Pourtant, je suis là, à écouter les battements du cœur d'un patient, à guetter un souffle dans ses poumons... Physiquement, je me sens encore apte à exercer. Ce qui me fait peur, c'est tout autre chose : l'accident de voiture lorsque je suis appelé de nuit ou lorsque je dois circuler sur des routes enneigées, par exemple. J'ai craint aussi de ne plus avoir la même mémoire qu'avant, d'oublier certains réflexes. Et puis il y a tous ces gens qui meurent autour de moi et qui me font sentir mes propres défaillances, qui m'obligent à constater que cette mort que j'ai toujours refusée, que je pensais « battre » en devenant médecin, est plus forte que moi, plus forte que tout. On a beau tout tenter, tout faire, passer des années à soigner les gens, elle a le mot de la fin. J'en arrive au stade où je me dis : à quoi bon m'échiner, lutter contre l'inéluctable ? En le pensant de plus en plus souvent, je m'entaille le cœur. Il est temps que je parte. Je me vois maintenant tel que je suis : un guerrier sans armes, inutile sur le champ de bataille.

L'été arrive. Avec Yvonne, nous avons passé de nombreuses soirées à discuter de la situation, de notre avenir respectif. Elle aussi devrait être à la retraite depuis dix ans. Je lui propose de partir tranquillement en vacances, comme elle le fait chaque année, en juillet. La suite à donner à notre vie peut attendre son retour. Mais au fond, je sais déjà ce que je vais faire. C'est ma dernière année. Ce sont mes derniers mois à Saugues et comme médecin. Je pars, j'arrête. Dans ma tête, j'ai fixé la date : au 1er octobre, je ferme le cabinet.

Je crois qu'Yvonne s'en est allée en sachant déjà tout ça. Lorsqu'elle est revenue et que je lui ai annoncé ce que je comptais faire, elle n'a été ni surprise ni déçue. Elle m'a simplement dit qu'elle serait là à mes côtés jusqu'au dernier jour.

En septembre, j'ai un regain d'espoir. Une femme médecin m'appelle un matin à mon domicile. Elle exerce à une vingtaine de kilomètres, elle a lu mon annonce sur un des sites médicaux que j'avais démarchés. Je lui donne toutes les informations utiles et le prix auquel j'estime mon cabinet, compte tenu de sa surface et de son rendement. Je la préviens :

– Je pars dans moins de trois semaines.

Elle promet de me rappeler sous quinzaine, ce qu'elle fait pour me dire ce à quoi je m'attendais : elle renonce à mon offre.

Cette fois, c'est bel et bien terminé.

J'ai fait imprimer des petits cartons où, en caractères noirs imitant l'écriture manuscrite, on peut lire ceci :

Madame, Monsieur, chers Saugains,

« En toute chose, il faut considérer la fin. »

Depuis le dernier dimanche de mai 1968, j'ai vécu auprès de vous.

L'essentiel de ma vie vous a été consacré.

Le moment est venu de mettre un terme à mon activité professionnelle.

À compter du 1er octobre, le cabinet sera définitivement fermé.

Chacun des deux cents exemplaires est signé de mes nom et prénom. J'en ai affiché un à la porte du cabinet, les autres sont laissés à disposition dans la salle d'attente.

Le bouche-à-oreille fait son œuvre.

14

Derniers jours

Dans le courant du mois de septembre 2012, alors que je viens de me garer à Monistrol devant un pavillon où m'attend mon quatrième patient de l'après-midi, mon portable sonne. Je décroche et j'entends une voix jeune et féminine. Un « bonjour » enjoué, un nom qui sonne comme ceux d'ici et puis : « Je suis journaliste. J'aimerais faire un papier sur votre histoire. » Je suis un peu surpris, alors elle m'explique comment elle en est arrivée à me passer ce coup de fil.

Ses parents habitent Thoras, m'apprend-elle. Lors de sa dernière visite, au déjeuner dominical, ils lui ont parlé de ce médecin qui, après quarante ans de bons et loyaux services, part à la retraite en laissant derrière lui une place vide. Elle trouve que je suis « un bon sujet pour un article ». Elle doit revenir le week-end suivant chez ses parents, alors je lui propose que l'on déjeune ensemble.

Nous discuterons longtemps cet après-midi. Je me rappelle lui avoir montré l'article paru sur moi en 1983 dans *Paris Match*. Elle repartira en début de soirée avec un cahier noirci de notes. Elle pense vendre son papier à la revue *XXI*, je lui suggère d'essayer aussi *Paris Match*... Il y a peut-être un angle à creuser avec eux sur le thème « le docteur Vieilledent vingt ans après ». Quelques semaines plus tard, elle me rappelle. « C'est vendu à... *Paris Match* ! J'arrive avec un photographe. Vous le connaissez, c'est le même que la première fois. » C'est idiot, mais cela me rassure.

Ils arrivent au beau milieu de la première semaine d'octobre. Finalement, ils me trouvent à mon cabinet, toujours ouvert. J'ai repoussé la fermeture au 31 octobre.

Pendant les cinq jours du reportage, j'embarque mes deux complices avec moi et nous partons à la rencontre de ces gens qui comptent pour moi, et sur moi pour quelque temps encore. Tous les trois nous entendons un même désarroi :

– Qu'est-ce qu'on va faire sans vous ?

– Vous serez remplacé ? Non ? Ah...

Pour certains, qui apprennent mon départ à la faveur de notre passage, c'est même un choc, comme pour cette petite dame, bien âgée et veuve depuis quelques mois, dont j'ai suivi le mari jusqu'au bout. Nous nous arrêtons chez elle brièvement, juste pour lui porter la nouvelle, car je ne suis pas sûr qu'elle soit au courant. Elle ne sort plus. Je vois les larmes affleurer au bord de ses yeux gris au fur et à mesure que je lui parle. Je lui tiens la main, elle tremble plus que d'habitude. Elle ne dit qu'une chose :

– Mais alors, qui je vais pouvoir appeler en cas de besoin, docteur ?

Partout où nous passons, se manifeste un même sentiment d'abandon. Les gens qui nous ouvrent leur porte comprennent les raisons de mon départ et me disent qu'il était bien temps. Souvent, j'entends dans le ton de leur voix comme un remerciement pour être resté aussi longtemps. Mais je perçois aussi l'angoisse de ne voir aucune solution pour palier ma future et définitive absence. Un couple que je connais bien, qui habite à vingt-huit kilomètres de Saugues, se désole :

– On ne trouvera jamais quelqu'un comme vous, qui vienne d'aussi loin, à toute heure du jour et de la nuit en cas de besoin.

Ils se sont habitués à ma manière de faire, au fait que je sois disponible pour eux, vingt-quatre heures sur vingt-quatre, quel que soit le jour de la semaine. J'essaie d'être rassurant, mais quelle garantie puis-je leur donner que le médecin référent qu'ils choisiront se donnera la peine, comme moi, de prendre deux heures pour passer chez eux ? Aucune.

Dans chaque maison où nous nous rendrons durant ces cinq jours, j'aurai le sentiment de laisser un peu de moi. À l'issue de ce reportage, je me sens émotionnellement vidé. Le coup de grâce m'est donné le dernier jour, lors de cette ultime visite faite chez cette femme dont je suis la pathologie délicate depuis des années. C'était chez elle que je m'étais rendu, en pleurant, le jour de la mort de mon père. Je lui avais alors caché mon chagrin. Vingt-cinq ans plus tard, en repartant de chez elle, j'ai à nouveau les larmes aux yeux.

Tant de souvenirs me reviennent. C'est presque écrasant. Ce même jour, nous sommes aussi passés chez ce patient que j'aime profondément parce qu'il est avant tout un ami. Il est condamné, un cancer. Ce n'est pas la dernière fois que nous nous voyons ; il sait qu'il pourra toujours m'appeler et que je viendrai, où que je sois. De fait, il sera hospitalisé quelques mois plus tard, à Montpellier. Bien sûr, je serai là, auprès de lui. Mais il y a de l'adieu dans l'air malgré tout ce jour-là. Je lui fais une dernière ordonnance et je bougonne un dernier conseil : « Tu as intérêt à faire ce que les autres médecins te diront, hein ? » On s'est serré la main sans avoir la force de se regarder dans les yeux.

Le papier paraît dans *Paris Match* début novembre 2012. Sur la couverture, il y a le visage triomphant de Barack Obama qui vient d'être réélu président des États-Unis. *L'Éveil* de la Haute-Loire envoie alors un journaliste pour couvrir mon départ. Je deviens un symbole local de la désertification médicale. Dans la foulée, c'est TF1 qui s'invite chez moi pour un reportage sur le même thème qui sera diffusé dans le journal de treize heures de Jean-Pierre Pernaud. Arrivent alors à la maison des dizaines de lettres, des cartes postales, de Saugues, de la région et de la France entière. Elles sont signées de la main d'anciens patients partis s'installer ailleurs.

Une Saugaine m'écrit : « Sans vous, il manquera à Saugues une part de son âme. » J'en suis bouleversé. Chaque missive est pleine d'affection. On me dit tout le bien que l'on pense de mon travail. On me rappelle à quel point on a apprécié mon écoute, ma discrétion, mon dévouement. Dans de nombreux messages, je lis le mot « abnégation ». Il me touche plus que nul autre.

Le 1er novembre, je ferme le cabinet. Je retire ma plaque, je ferme les volets de mon bureau. Les personnes ont jusqu'à la fin du mois pour venir chercher leur dossier médical, si ce n'est pas déjà fait. Ceux qui ne seront pas réclamés seront brûlés. Je ne pourrai pas me résoudre à le faire moi-même, ce sera au-dessus de mes forces. C'est ma chère Yvonne qui s'en chargera. Je lui demanderai même de ne pas me révéler l'endroit de cet insupportable autodafé.

Je ne suis pas encore parti. Mon projet est de redescendre à Montpellier pour être au plus près de mon frère Pierre qui me fait sentir qu'il a plus que jamais besoin de moi. J'ai déjà trouvé un appartement non loin de chez lui. Mais, pour l'heure, je suis décidé à consacrer les trente prochains jours à mes dernières visites à domicile. Pas question de disparaître comme un voleur en laissant tomber mes patients comme ça, du jour au lendemain ! Surtout les plus anciens et ceux dont l'état ou la pathologie réclament un suivi particulier. Ce sont parfois les mêmes. Certains ont un traitement en cours pour lequel je leur fais des ordonnances pour les six mois qui viennent afin qu'ils ne soient pas démunis. D'autres ont des opérations prévues, qui me demandent des conseils et s'inquiètent de la marche à suivre avant et après. Pour tous, il est nécessaire de leur donner un peu de temps. À raison d'une dizaine de visites par jour, me voilà donc lancé dans une sorte de longue tournée d'adieu où je rencontrerai pas moins de trois cents patients auprès desquels une fois n'est pas coutume, j'aurai d'abord pris rendez-vous !

Chaque soir, en rentrant à la maison, j'aurai le cœur serré. Il me faudra quelques jours pour réaliser que je culpabilise de quitter mes patients.

Le 1er décembre, les déménageurs emportent ma vie dans des cartons.

La veille, j'ai raccompagné Yvonne pour la dernière fois chez elle. Elle a hérité de la maison de ses parents à une dizaine de kilomètres de Saugues. C'est là qu'elle vit désormais. Nous nous téléphonons de temps à autre. Et, lorsque je reviens à Saugues pour rendre visite à mon frère Rémy et à sa femme qui se sont réinstallés ici, dans un hameau proche de Thoras – c'était en 2004, au moment de leur retraite –, nous ne manquons jamais de nous voir.

C'est sans doute l'une des personnes au monde qui me connaît le mieux.

Nous avons été des partenaires. Nous sommes désormais des amis.

Mais aujourd'hui, ce n'est pas le seul plaisir de retrouver Yvonne qui m'a conduit jusqu'à Saugues.

Aujourd'hui est un jour de fête.

Je suis l'invité d'un jeune couple du village, Franck et Sylvie, qui m'a convié à venir célébrer, en toute intimité, le premier anniversaire de leurs jumeaux, Alexis et Jean.

Leur venue au monde, à quelques jours de ma retraite, fut l'un des moments les plus intenses de toute ma carrière de médecin.

J'ai suivi la grossesse de leur mère jusqu'à son terme, et celle-ci fut particulièrement problématique et stressante. Jusqu'au bout j'ai craint pour la santé de ces petits êtres et pour leur maman. L'accouchement a finalement eu lieu au CHU de Clermont-Ferrand sans incident heureusement. Ce jour-là, je me suis senti un peu le père de ces enfants…

Lorsque je retrouve Alexis et Jean dans le bras de leurs parents, ce sont de jolis poupins potelés et vigoureux, aux yeux bleus, immenses.

J'y vois la vie dans toute sa force.

J'y vois l'avenir. Et quelque chose me dit qu'il sera heureux.

Collection

« FRANCE DE TOUJOURS ET D'AUJOURD'HUI »

Jean ANGLADE
Une vie en rouge et bleu
Le Dernier de la paroisse
Le Choix d'Auguste
Le Sculpteur de nuages
Les Cousins Belloc

Sylvie ANNE
Le Gantier de Jourgnac
La Maison du feuillardier

Sylvie BARON
Un été à Rochegonde

Jean-François BAZIN
Les Raisins bleus
Le Clos des Monts-Luisants
Le Vin de Bonne-Espérance
Les Compagnons du grand flot

Henriette BERNIER
Le Baron des champs

Jean-Baptiste BESTER
L'Homme de la Clarée
Plus près des anges

Françoise BOURDON
Le Moulin des Sources
Le Mas des Tilleuls
La Grange de Rochebrune
Retour au pays bleu
Le Fils maudit

Édouard BRASEY
Les Lavandières de Brocéliande
Les Pardons de Locronan
La Sirène d'Ouessant

Patrick BREUZÉ
Les Remèdes de nos campagnes
La Valse des nuages
L'Étoile immobile

Michel CAFFIER
Corne de brume
La Paille et l'Osier
Les Étincelles de l'espoir

Anne COURTILLÉ
La Tentation d'Isabeau
Le Gaucher du diable

Annie DEGROOTE
Les Racines du temps

Jérôme DELIRY
Une rivière trop tranquille
L'Héritage de Terrefondrée

Raphaël DELPARD
L'Enfant sans étoile
Pour l'amour de ma terre
L'Enfant qui parlait avec les nuages

Alain DUBOS
La Mémoire du vent
La Corne de Dieu

Marie-Bernadette DUPUY
Les Fiancés du Rhin
Angélina. Les mains de la vie
Le Temps des délivrances

Élise FISCHER
Les Noces de Marie-Victoire
Je jouerai encore pour nous
Villa Sourire

Emmanuelle FRIEDMANN
Le Rêveur des Halles
La Dynastie des Chevallier

Alain GANDY
Les Cousins de Saintonge

Gérard GEORGES
Une terre pour demain
Le Destin des Renardias
Le Bal des conscrits
Mademoiselle Clarisse

Georges-Patrick GLEIZE
La Fille de la fabrique
Pas plus tard que l'aurore

Yves JACOB
Sous l'ombre des pommiers

Hélène LEGRAIS
L'Ermitage du soleil
Les Héros perdus de Gabrielle
Les Ailes de la tramontane
La Guerre des cousins Buscail
Les montagnes chantaient la liberté

Philippe LEMAIRE
Rue de la Côte-Chaude
L'Enfant des silences
L'Oiseau de passage

Éric LE NABOUR
Retour à Tinténiac
La Louve de Lorient
À l'ombre de nos larmes

Jean-Paul MALAVAL
L'Or des Borderies
Soleil d'octobre
Les Noces de soie
La Villa des térébinthes
Rendez-vous à Fontbelair
La Folie des Bassompierre

Antonin MALROUX
La Promesse des lilas
La Cascade des loups
La Pierre marquée
L'Homme aux ciseaux d'argent

Jean-Luc MOUSSET
L'Enfant des labours
Le Secret de Neige

Joël RAGUÉNÈS
La Maîtresse de Ker-Huella
La Dame de Roz Avel

Geneviève SENGER
La Maison Vogel
L'Enfant de la Cerisaie

Jean SICCARDI
La Source de saint Germain
Le Maître du diamant noir
L'Ivresse des anges

Bernard SIMONAY
L'Or du Solognot

Jean-Michel THIBAUX
L'Olivier du Diable
Le Maître des Bastides
Le Rappel du tambour

Katia VALÈRE
Après la nuit vient l'aube

Brigitte VAREL
Le Secret des pierres

Louis-Olivier VITTÉ
La Guérisseuse de Peyreforte
Là où coule une rivière

Collection

« ROMAN D'AILLEURS »

Jean BERTOLINO
Pour qu'il ne meure jamais

Jean-Baptiste BESTER
Les Neiges de Toula

Marie-Bernadette DUPUY
L'Orpheline des neiges
Le Rossignol de Val-Jalbert
Les Soupirs du vent
Les Marionnettes du destin

Éric LE NABOUR
La Dame de Kyoto

Michel PEYRAMAURE
Les Villes du silence
Tempête sur le Mexique
Mourir pour Saragosse

Bernard SIMONAY
La Fille de l'île Longue
L'Amazone de Californie

ROMANS HORS COLLECTION

Jean-Jacques ANTIER
Blanche du Lac
Le Convoi de l'espoir

Jean BERTOLINO
Et je te donnerai les trésors des ténèbres

Jean-Baptiste BESTER
Le Cocher du Pont-Neuf

Lucien DE PENA
L'Argent des autres

Michel PEYRAMAURE
Les Folies de la duchesse d'Abrantès
L'Orpheline de la forêt Barade

Joël RAGUÉNÈS
L'Instinct du prédateur

Bernard SIMONAY
Le Lys et les Ombres

DOCUMENTS

Jérôme DELIRY
Sept Enfants autour du monde

Charles GUILHAMON
Sur les traces des chrétiens oubliés

Frédéric PONS
Algérie. Le vrai état des lieux

Photocompositon PCA

Achevé d'imprimer en France en septembre 2014
par CPI Bussière
pour le compte des éditions Calmann-Lévy
31, rue de Fleurus 75006 Paris

PAPIER À BASE DE
FIBRES CERTIFIÉES

calmann-lévy s'engage
pour l'environnement en réduisant
l'empreinte carbone de ses livres.
Celle de cet exemplaire est de :
1 kg éq. CO_2
Rendez-vous sur
www.calmann-levy-durable.fr

N° d'imprimeur : 2012049
N° d'éditeur : 5119201/01
Dépôt légal : octobre 2014